> 一场成功的薪酬谈判能够激励员工竭尽全力地工作，同时让雇主获取更多的利益。

在谈判的过程中，一定要想尽办法让对手有赢的感觉。所以你不需要在谈判刚开始时就直接提出自己的条件，不妨耐心一些，等到双方商谈好大部分条件之后，再回过头利用蚕食策略一点一点得到自己想要的东西。

中国学生向罗杰·道森和他的妻子吉塞拉赠送礼物

" 如果你是员工，你可以通过这本书学会如何从雇主那里争取到公平合理的薪水。"

罗杰·道森和他的优势谈判秘诀在中国受到热烈追捧

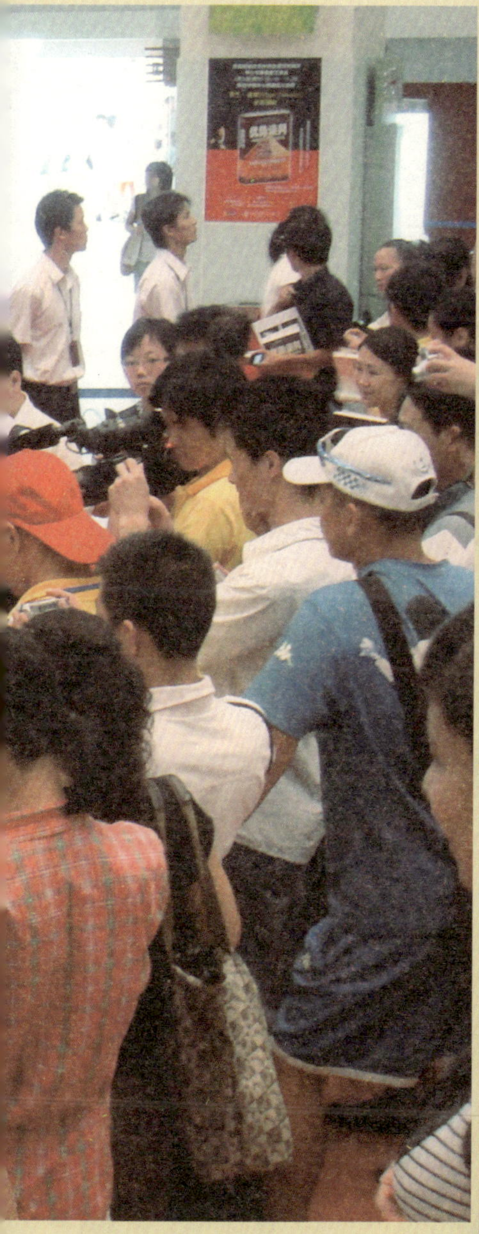

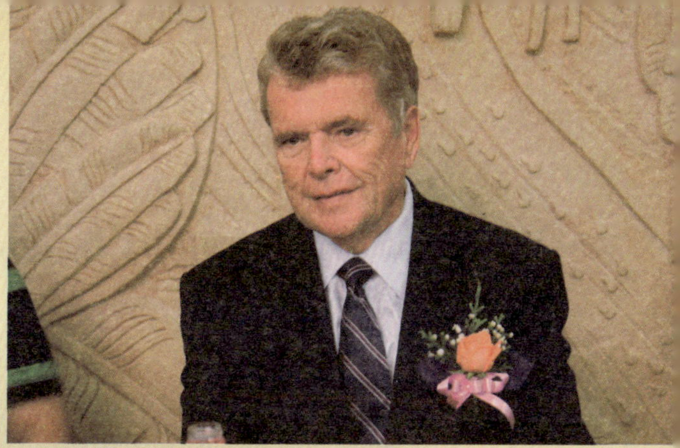

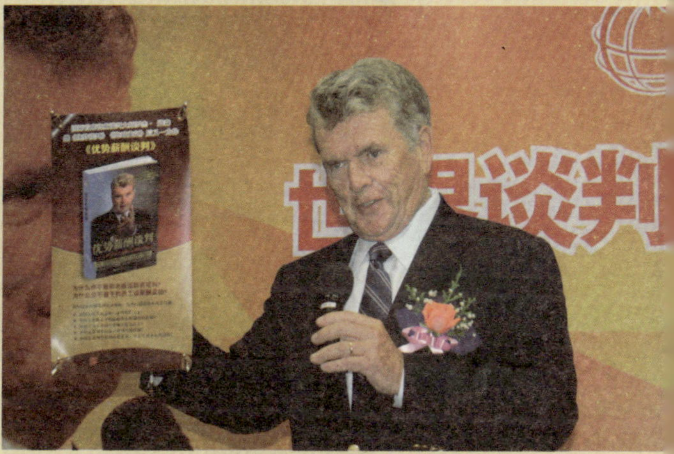

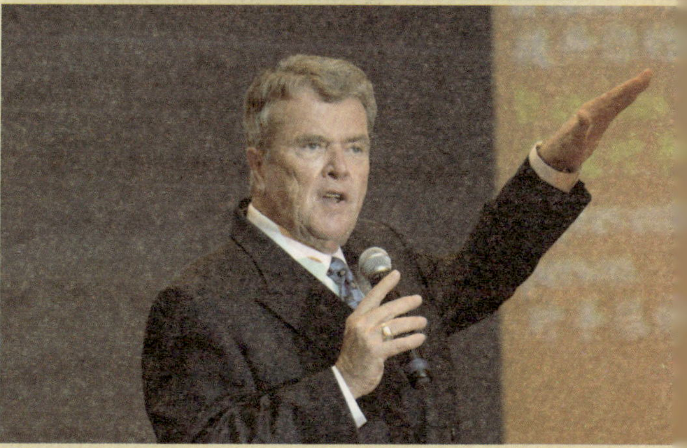

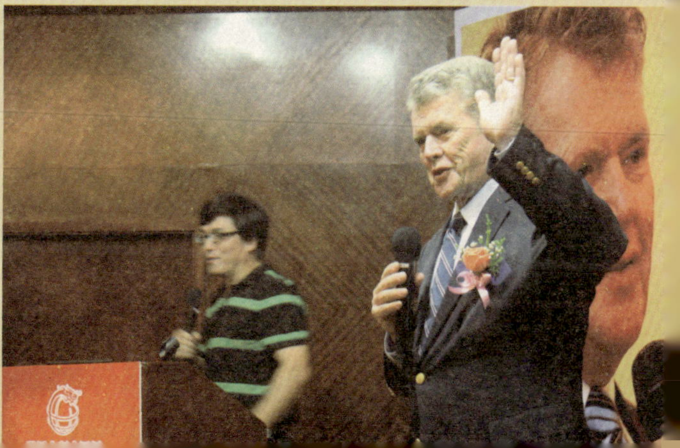

> 让雇主相信你手上还有大量备选方案,这样可以大大增加你谈判的筹码。

> "千万不要在对方第一次报价时说'yes',并且一定要做出大吃一惊的表情。"

跟其他谈判相比，薪酬谈判更需要达成双赢的结果。双方都必须真心对结果感到满意。

优势薪酬谈判

〔美〕罗杰·道森（Roger Dawson） 著
刘祥亚 译

重庆出版集团 重庆出版社

SECRETS OF POWER SALARY NEGOTIATING © 2006 Roger Dawson
Original English language edition published by Career Press,
3 Tice Rd., Franklin Lakes, NJ 07417 USA.
Simplified Chinese Edition Copyright © 2009 **Grand China Publishing House**
All rights reserved.
No part of this publication may be used or reproduced in any manner whatever without written permission except in the case of brief quotations embodied in critical articles or reviews.

版贸核渝字（2009）第138号

图书在版编目（CIP）数据

优势薪酬谈判/〔美〕道森(Dawson, R.) 著；刘祥亚译. —重庆：重庆出版社，2009.11
ISBN 978-7-229-01358-5

Ⅰ.①优… Ⅱ.①道… ②刘… Ⅲ.①企业管理：劳动工资管理 Ⅳ.①F272.92
中国版本图书馆CIP数据核字(2009)第209250号

优势薪酬谈判
YOUSHI XINCHOU TANPAN

〔美〕罗杰·道森 著
刘祥亚 译

出 版 人：罗小卫
策　　划：中资海派·重庆出版集团图书发行有限公司
执行策划：黄 河　桂 林
责任编辑：王 淋
版式设计：袁青青
封面制作：袁青青　崔晓婷

重庆出版集团
重庆出版社　出版
（重庆长江二路205号）

深圳市美嘉美印刷有限公司制版　印刷
重庆出版集团图书发行有限公司　发行
邮购电话：023-68809452
E-MAIL: fxchu@cqph.com
全国新华书店经销

开本：787×1092mm　1/16　印张：14　字数：170千
2010年1月第1版　2010年1月第1次印刷
定价：32.00元

如有印装质量问题，请致电023-68706683

本书中文简体字版通过 Grand China Publishing House（中资出版社）授权重庆出版社在中国大陆地区出版并独家发行。未经出版者书面许可，本书的任何部分不得以任何方式抄袭、节录或翻印。

版权所有，侵权必究

This book will help you to get paid what you are worth!

Roger Dawson.

亲爱的中国读者：

　　希望这本书能帮助你从雇主那里争取到公平合理的薪水。

罗杰·道森

谨以此书献给

所有关心员工,愿意付给员工公平合理的薪水的雇主们!

所有参加我的培训班,与大家一起分享自己薪酬谈判故事的学员们!

所有与我分享专业知识的人力资源主管们,尽管他们不愿意公开自己的姓名!

我一生的挚爱,我的妻子吉塞拉。

我三个出色的孩子,茉莉亚、德维特、约翰。

还有我那两个一级棒的孙子,阿斯特里德和托马斯。

作者介绍

再掀罗杰·道森旋风

有些人生来就注定不会成为平凡人，而如果这个人曾经与总统大选、中东和谈、国会弹劾案等重大事件联系在一起，那就更不会与平凡沾边了！

这个人就是罗杰·道森！

罗杰·道森是美国总统顾问、内阁高参、地产公司总裁、美国POWER谈判协会首席谈判顾问、畅销书作家、教授、演讲大师、谈判训练大师……没有人知道他到底有多少头衔。

政治高参

"他直视着我的眼睛，说，'罗杰，如果你支持我，我会坚持'。我说，'有我在呢，总统先生'。"多年以后，罗杰·道森回忆起1996年美国总统大选最重要的一场电视辩论，依然历历在目。面对来势汹汹的共和党人罗伯特·多尔，克林顿犹豫了，是罗杰·道森让克林顿重新回到讲坛并赢得了选民的支持。

众所周知，罗杰·道森是前美国总统克林顿的首席谈判顾问，在其长达8年的总统顾问生涯中，经历了众多著名的历史事件，因单枪匹马从伊拉克独裁者萨达姆手中救回美国人质而蜚声国际政坛。

众所周知，在美国政治谈判领域，有两座高峰，会让任何妄想超越的后来者胆战心惊。一位是联邦调查局反恐谈判顾问赫布·科恩（《谈判天下》作者），而另一位，就是罗杰·道森。

依靠其对国际政治的谙熟，对政治局势的敏锐嗅觉以及他那似乎与生俱来的无与伦比的谈判技巧，当无数次临危受命，与米洛舍维奇或者沙龙坐在谈判桌旁之后，他总是会带着一份值得《纽约时报》或CNN拼命炫耀的胜利飞回华盛顿复命！

尽管罗杰·道森保持了美国政府智囊团一贯以来的低调和神秘，但媒体从不放过他，就算克林顿潇洒卸任，他也功成身退，但依然有无数好奇的记者整天对他"围追堵截"，喋喋不休地追问那些不为人知的政坛秘闻。

演讲大师

CPAE（Council of Peers Award for Excellence）奖是美国国家演讲人协会所颁发的最高荣誉奖项，象征着公众演讲的最高水平。这项由美国国家演讲人协会全体

会员投票评选出来的演说界最高奖项,在其上百年的历史中一共只颁发给了28位演说家!而罗杰·道森就是其中之一!

CPAE在获奖评语中这样写道:"罗杰·道森以其卓越的才华为美国赢得了国家荣誉,并用毕生的精力致力于为企业提供服务。他帮助(美国)企业训练了众多销售主管和职业经理人,他的敬业精神已经成为行业典范。"

罗杰·道森过去18年来在美国39个州举行过个人演讲,在欧美各地举行巡回演讲和研讨会不下千场,其"有效谈判""有效说服""自信决策"早已成为不朽的经典。

罗杰·道森还是POWER谈判协会的创始人。这个协会致力于推动商务谈判的发展,在美国排名前500位企业中,有1/3与其保持了密切的业务往来。

实业大亨

在进入政坛之前,罗杰·道森更广为人知的身份是企业家。他先后创办了多家正业,产业涉及地产、教育、休闲服务等,年营业额上亿美元,是美国企业界一颗耀眼的明星。

20世纪80年代初,罗杰·道森受聘于加州最大的房地产公司任总裁。在罗杰·道森掌门该地产公司期间,他把业务扩大到了全美各地,拥有数十个地产项目,建立了28家分公司,雇员上千人,年营业额高达4.5亿美元!

商务谈判教练

　　如果你问是谁训练出了美国战后数量最多的销售部门主管和职业经理人，答案毫无疑问只有一个，那就是罗杰·道森！

　　这位被《福布斯》评选出的"全美最佳商业谈判教练"，与同样举世闻名的爱丁堡首席谈判专家盖温·肯尼迪一样，也热衷于为企业领袖和主管进行商务谈判技能的培训，如今许多活跃在国际商场上的跨国企业谈判高手，都师出罗杰·道森。

　　继谈判圣经《优势谈判》和职业经理人人手一册的经典教材《绝对成交》之后，罗杰道森再次隆重推出《优势薪酬谈判》！这是一本无论雇主还是员工都需要的工具书，更是一件让你在薪酬谈判中获得双赢局面的制胜法宝。

引言

你将从本书中得到什么

如果你是一位公司职员，买这本书只是为了从中学到一些从雇主那里领取更多薪水的秘诀，那你或许会大失所望。是的，我会教给你一些优势谈判技巧，而且我还会告诉你一些具体的策略，让你可以从雇主（或未来的雇主）那里争取到公平合理的薪水，但我并不打算告诉你怎样从雇主那里领取超值的薪水，因为那显然不符合商业社会的游戏规则。

如果你是一位雇主，想要从这本书里学会怎样驾驭员工，让那些不懂该怎样谈判的员工们像奴隶一样不计报酬地为你卖命，你同样也会大失所望。

据我所知，如今有很多公司职员之所以没有拿到公平合理的薪水，一个重要的原因就是因为他们不懂得该怎样与公司谈判。事实上，一旦员工学会通过谈判为自己争取更有吸引力的薪水，他们就会更加努力地工作，他们的雇主也会从员工的工作中获益更多。

跟其他谈判相比，薪酬谈判更需要达成双赢的结果。双方都必须真心对结果感到满意。稍有差池，双方的合作关系就会出现问题，最终双方都会感到不开心。一场成功的薪酬谈判能够激励员工竭尽全力地工作，同时也让雇主获取更多的利益。这才是我要在本书中讲述的内容。本书主要分为两大部分——

在第一部分"如何拿到满意的offer"当中，你将学会：

◆ 写一份能够让你争取到面试机会的简历；
◆ 找到合适的空缺职位；
◆ 在面试中脱颖而出；
◆ 让雇主直接提出聘用邀请，并很好地加以应对；
◆ 巧用终局策略让雇主迅速作出决定。

在第二部分"薪酬谈判"当中，你将学会：

◆ 为谈判做好准备；
◆ 使用压力点来争取更完美的录用通知；
◆ 使用优势谈判技巧获得更令人满意的薪酬待遇。

如果你已经拿到了录用通知，或者你只是希望为自己现在的工作争取到更好的待遇，不妨直接跳到第二部分"薪酬谈判"。如果你正在找工作，或者在考虑跳槽，不妨从第一部分"如何拿到满意的offer"开始。

我相信，读完本书之后，你就可以了解到所有必要的知识和技巧，从而帮助你从现在的雇主那里争取到更好的待遇，或者从新雇主那里得到更令人满意的薪酬方案。

罗杰·道森
加利福尼亚

推荐序

武向阳
摩克丁（中国）董事长
世界大师中国行秘书长

谈判如棋　策略为先

几天前，世界谈判大师罗杰·道森先生来到广州作巡回演讲。随后他通过助手向我发来为他即将出版的新书《优势薪酬谈判》写序的邀请。罗杰·道森是中国企业家的老朋友，也是我的老朋友，从2007年第一次策划"世界谈判大师罗杰·道森中国行"活动，至今已是三载有余了。在我印象中，罗杰·道森先生是一个知识渊博、能言善辩的和蔼老人；他在谈判领域的成就和独树一帜的风格，让许多中国企业家受益匪浅并从中获得了巨大的能量。

谈判如棋，在中国文化中，下棋很讲究谋略。棋之静者，平淡无奇，波澜不兴；动者，则烽烟四起，惊心动魄。一招一式，何尝不是"勾心斗角，尔虞我诈"。有时一着之差，就会断送前程，满盘皆输，空余遗憾。但有时以为已山穷水尽，举步为艰，只要灵光闪现，回马一枪，便又柳暗花明，皆大欢喜。细细体味，与雇主谈薪酬，何尝不是在对弈。薪酬谈判虽不能数语决定输赢，但不妨学些世界大师的智慧，让自己面对复杂情况时有更精明的应对策略。

观当今社会，在薪酬谈判时，大多数人都是下意识地做出反应，而非用技巧策略去做薪酬谈判。其后果可想而知，要么是直接对雇主狮子大开口因而被辞退；要么是婉转地要求加薪却被忽视；而更多的人则根本不敢向老板提出加薪。罗杰·道森先生的《优势薪酬谈判》则解决了这样的问题。那就是，即便身处迷局，依旧懂得怎么做才能成为最有效的执行者。薪酬是员工工作的原动力，是员工个人生存与发展的物质基础，是员工社会地位与自我价值的体现。

在这样一个时代，企业经营者面临着前所未有的人才争夺，如何建构本企业的竞争优势，拥有自己企业的核心竞争能力？如何使自己的企业在激烈的市场竞争中脱颖而出，成为行业的佼佼者？怎样吸引人才、留住人才并激励人才？如何保持企业利润的合理积累和对员工的有效激励？罗杰·道森的《优势薪酬谈判》是专门针对薪酬谈判写的一本书。它以诙谐的语言极深刻地描述了人们在面对薪酬谈判时候所需要的技巧，为读者提供了战胜在薪酬谈判中遇到的尴尬、胆怯与退缩的种种妙策。通过学习这些谈判技巧，人们不仅获得走出薪酬谈判逆境的良方，更重要的是增强了对谈判的理解和洞察力。

在一定程度上，《优势薪酬谈判》兼有《绝对成交》的细腻和《优势谈判》的大局观，它一方面使我们叹服其机智与完美的审慎态度，另一方面又使我们获得在薪酬谈判中取得优势的信心。罗杰·道森的谈判优势理论，拥有让读者终生不忘的魔力。通过碰撞和融合的路径试探，这位大师帮助我们找到了正确的指导思想以及目标。正如道森法则所言："无论需要付出什么代价，即便是一个小时之内都不再提及任何你的产品或服务，你也要耐住性子，等待谈判的转机。正像优势谈判高手们所知道的那样，时间拖得越长，对方就越可能改变主意。"这一段话，可以说集中体现了谈判心理学的精髓。

在《优势薪酬谈判》中，给我印象最深的是其简洁的行文和精警的叙述。书中鞭辟入里地剖析了薪酬谈判中所需要的终极智慧——薪酬谈判更需要达成双赢的结果。感谢罗杰·道森这样的智者，为中国的读者奉献出如此睿智而又生动的作品。

在这里，我郑重推荐《优势薪酬谈判》这本书给每一位正在职场中打拼的人士。你能否成功，取决于你是否与大师的智慧为伍！

前言

谈判是世界上最快的赚钱方式

多年来，我一直反复告诉人们，这个世界上再没有比谈判更快的赚钱方式了。你不妨估算一下，通过谈判让对方做出一次让步需要多长时间，然后用小时-收益率的方式估算出你通过谈判每小时可以赚多少钱。比如说你每多花5分钟谈判可以赚到100美元，这也就意味着，通过谈判的方式，你每小时可以赚到1 200美元。以此类推，假设你每星期工作40小时，扣除4个星期的假期，你每年就可以赚到230万美元。这可不是个小数目！我所在的高尔夫俱乐部有一位会员是心脏科医生，他曾经被《吉尼斯世界纪录大全》列为"世界上收入最高的心脏科医生"，但即便是这样一位获取高薪的医生也不得不承认，还是谈判赚钱更快。

从薪酬谈判的角度来说，情况更是如此。在美国，几乎每个人都可以走进雇主的办公室，跟雇主谈一谈，让雇主每星期给他增加10美元的薪水。10美元听起来并不是个大数字，对吧？可问题是，一个星期10美元，一年就是520美元。如果你在这家公司供职5年，也就是2 600美元！而且你可能只要花 15 分钟就可以做到这一点——也就是说你用 15 分钟就赚到了 2 600 美元！同样地，虽然你只不过要求提高一点点的待遇，但如果按小时计算，你每小时就为自己增加了 1.04 万美元的收入。如果按照这个速度继续下去，你每年就可以为自己增加大约 2 000 万（假设每天工作 8 小时，每月工作 20 天）美元的收入！这个世界上的确有一些人是通过这种方式致富的。由此可以证明，与雇主来次薪酬谈判是最快最有效的赚钱方式。所以你完全应该花点时间，好好学习一下优势薪酬谈判的策略。现在就让我们开始吧。

目 录

作者介绍　再掀罗杰·道森旋风……………………………………5
引　言　你将从本书中得到什么……………………………………9
推荐序　谈判如棋　策略为先………………………………………11
前　言　谈判是世界上最快的赚钱方式……………………………14

第一部分　如何拿到满意的offer

第1章　争取面试机会　23
1. 打造完美简历………………………………………………24
2. 细节决定成败………………………………………………26
3. 奇招制胜……………………………………………………29

第2章　面试前的准备　31
1. 知己知彼，百战不殆………………………………………33
2. 准备充分，万无一失………………………………………33
3. 角色扮演，提前热身………………………………………34
4. 面试官想要了解的事情……………………………………35
5. 主动才能脱颖而出…………………………………………36
6. 保持联系，加深印象………………………………………37

第3章　怎么谈钱的问题　41
1. "你目前的薪酬水平如何"…………………………………42

2. "很抱歉，我们无法提供你所期待的薪酬"……43
　　3. 口说无凭，立字为证……44

第4章　如何给面试官留下深刻印象　47
　　1. 资　质……48
　　2. 奖赏力……49
　　3. 预告后果……49
　　4. 一致性……49
　　5. 品　性……50
　　6. 个人魅力……50
　　7. 专业力……52
　　8. 信息力……52

第5章　如何应对意料之外的状况　55
　　1. 前任雇主不愿意为你说好话……56
　　2. 你已经失业很久了……57
　　3. 你是被前任老板炒鱿鱼的……57

第6章　被录用后的注意事项　59
　　1. 你应该得到什么……61
　　2. 什么时候该提出你的期待薪酬……63
　　3. 新公司坚持要你报出以往薪酬水平……63

第7章　你值多少钱　67
　　1. 公司如何确定雇员的薪酬水平……68
　　2. 怎样计算一份工作值多少钱……68

第8章　离职时怎样保持理性　71
　　1. 如何商讨离职金……72
　　2. 你是真的想换工作吗……73
　　3. 带着尊严离开……75

第9章　你想现在就加薪吗　77

第10章　如何使用终局策略　81

1. 驳船式策略 ············· 83
2. 马场策略 ············· 84
3. "你并不会因为这个就放弃吧"策略 ············· 85
4. "你可以承受"策略 ············· 86
5. "听之任之"策略 ············· 88
6. 文森·隆巴蒂策略 ············· 88
7. 沉默策略 ············· 90
8. "取决于……"策略 ············· 91
9. 本·富兰克林式策略 ············· 92
10. "愚蠢的错误"策略 ············· 94
11. "最后的反对"策略 ············· 95
12. 宠物狗策略 ············· 96
13. 小决定引导策略 ············· 98
14. 积极假设策略 ············· 99
15. 反问策略 ············· 99
16. 备选策略 ············· 100
17. 门把手策略 ············· 101
18. 各个击破策略 ············· 102
19. "让他们去想"策略 ············· 103
20. 钞票策略 ············· 104
21. "突然想起"策略 ············· 104
22. 赢得控制权策略 ············· 105
23. 道森策略 ············· 106

第二部分　薪酬谈判

第11章　怎样争取更好的待遇　111

1. BATNA 法则 ············· 112
2. 无可替代才是价值所在 ············· 113
3. 你要做到无与伦比 ············· 114
4. 随时离场的姿态 ············· 116
5. 回报的魔力 ············· 117

  6. 什么会让你感到畏惧……119
  7. 选择谈判的对手……122
  8. 预测对方的意见……124
  9. 眼前的问题最重要……125

第 12 章　找准谈判压力点　129
  1. 时间压力……130
  2. 信息压力……133
  3. 终止谈判压力……136

第 13 章　如何应对你的谈判对手　139
  1. 提出高于你预期的要求……140
  2. 不要对第一次报价说"yes"……147
  3. 听到对方第一次报薪酬时要大吃一惊……151
  4. 不要有对抗情绪……155
  5. 钳子策略……157
  6. 在非对抗状态下给对手施压……162
  7. 永远不要折中……172
  8. 不要把别人的麻烦变成自己的……175
  9. 要求对方回报……178
  10. 白脸/黑脸策略……182
  11. 要逐步缩小让步的幅度……189
  12. 如何应对僵局……193
  13. 如何应对困境……195
  14. 如何应对死胡同……197
  15. 准备欣然接受……199
  16. 蚕　食……202
  17. 保持双赢……208

第一部分

如何拿到满意的 offer

第 1 章 争取面试机会
Secrets of Power Salary Negotiating

要想获得面试的机会，关键在于一份为目标职位量身定做的简历。你必须根据所申请职位的要求调整简历的风格，并且要把最重要的信息放在前面。不妨模仿报纸上的新闻给你的简历取个吸引人的标题，让它从人力资源主管桌面上的几百份简历中脱颖而出。

薪酬谈判的第一阶段是向用人单位提交简历。要明确一点，简历的目的只是帮你争取到面试机会。你不可能仅凭一份简历就让雇主录用你。简历的作用只是帮助你进入薪酬谈判的下一阶段——面试。

人们每天都会以各种方式，例如信件、传真、电子邮件等来提交数以百万计的简历。这些简历都去哪儿了？哪些简历用人单位会认真阅读？通常来说，只要用人单位发一则招聘广告，就会收到500～2 000份简历。那么，怎样才能让你的简历受到重视？在这一章，我将告诉你该如何准备你的简历，从而保证它能够引起用人单位的重视。

1. 打造完美简历

为目标职位量身定做你的简历

最重要的是，要让你的简历更加符合你所申请的职位。与其漫无目的地发送100份简历，不如专门为你想要申请的10个职位量身定做简历。记住，人力资源主管每天可能会读到50～60份简历。如果公司接受电子邮件简历的话，那么他们读到的简历数量比这还要多。为了更快地进行筛选，他们必须设定一些明确的标准。比如缺乏相关专业背景可能让你根本无法进入候选人名单。但如果你能够针对一份工作量身定做自己的简历，对方的第一反应可能就是："这可能正是我们要找的人，让他来面谈一下吧。"

好简历要抓人眼球

想一下编辑们是如何训练自己手下的记者写新闻稿的。他们通常会告诉记者：一个吸引人的标题会让读者更愿意读下去，第一段要保持简洁、有趣，交待清楚整个新闻的背景。然后再进一步扩展故事情节，阐述细节性信息。这样读者不用读完整个故事就知道事情是怎么一回事。如果你的文章能够让读者感兴趣，他们就会一直读下去。在写简历的时候，这样的套路同样适用。你的简历应该发出这样的声音："我可以解决你们的问题！"你的标题一定要跟你所申请的职位相关，同时还要能抓住读者的眼球。另外还要精心描述出你的个人经历。记得要采用倒叙的方式，先从最近的一段开始写起。

千万不要误以为长简历就一定是失败的简历，我们应当避免的是冗长无聊的简历，如果你能够保证一直抓住读者的注意力，你的简历可以长达数页。对于一份简历来说，最重要的是能够在一开始就抓住读者的注意力，并且在第一时间传达求职者的相关背景信息。如果读到简历的人怎么都找不到应聘者与其所申请职位相关的信息，那这份简历显然就是失败的。

有些人在写简历的时候总是过于主观，他们以为用人单位会很高兴收到自己的简历，然后好好伏案分析一番，甚至会请一个招聘委员会来精心研究自己的简历。事实上读简历的人很可能只是从200份简历中随机抽出你的简历，而且是皱着眉头读下去的。所以你要面对的第一个挑战应该是怎样抓住读简历的人的注意力。

2. 细节决定成败

不想石沉大海就要注意跟进

投完简历之后，是否要给用人单位打个电话跟进呢？如果你真的想得到那份工作，那一定要这样做。在投过简历3天之后，给对方打个电话吧。千万不要问对方是否收到简历，这非常可笑。试想一下，当他们的桌子上堆着200份简历时，他们很可能根本不知道你是谁。记住，你打电话的目的是为了争取到第一次面试的机会。他们并不会因为接到一个电话就决定录用你，所以你根本不必抱有这种希望。这时候不妨试一下"我可以解决你们的问题"的方法，直接告诉对方："如果你需要有人帮你们开拓阿拉斯加的市场，我可能正是最佳人选。我在上家公司就是负责这项工作的，我们的销售额是项目预期的320%。我们什么时候可以见一面呢？星期三或星期四是否合适？"如果对方还是不肯面试你，那就在3天之后再打一次电话。

简历是否要附带照片

在这个问题上，一定要有清醒的判断。如果你认为这样做对你有帮助，不妨加上一张照片。如果你认为这并不是一个好的选择，那就不要。但需要指出的是，你的照片应当是公务型的。千万不要随意附加一张度假时拍的照片。

但如果你已经面试过了，情况就不一样了。面试后发给对方的所有信息都要附上照片，这样就可以帮助他们更好地记住你。如果是通过电子邮件沟通的话，在自己的签名下面附上一张照片是很容易的事。

千万不要这样做

禁忌 1：你的简历与对方的需要毫无关系。之所以会出现这种情况，是因为你将同一份简历发给了超过 200 个用人单位。一定要根据用人单位的情况对自己的简历进行微调。

禁忌 2：你的简历充斥着专业术语，而且读起来让人摸不着头脑。千万不要让一个拥有硕士学位的人帮你检查简历，相比之下，一个高中毕业的朋友可能更适合。如果他能通过简历看出你在申请什么工作，那你的简历就是成功的。

禁忌 3：在简历中出现语法错误或错别字。我所接触过的所有人力资源主管都告诉我，每次看到那些有很多语法错误和明显的错别字的简历时，他们都颇为不解。用电脑软件检查一下很困难吗？这些错误会给人力资源主管们留下一个印象：求职者很可能在发送简历之前都不会去抽空通读一遍。如果这份简历无聊到连写它的人都不愿再看一下的话，试问他怎么能指望这份简历会给用人单位留下深刻印象呢？

简历风格要"多变"

如果你在向一家二手车超市申请一份销售经理的工作，那么你简历的风格就应该不同于向核电站申请操作主管时所发的简历。在申请销售经理职位的时候，你的简历可以这样开始："你想要一天卖掉200 辆汽车吗？我就是你需要的那个人！"而申请操作主管时所发送的简历则应该低调一些，使用"经验丰富，能力突出，抗压能力强"这样的措辞。

如果你在自己的行业里拥有丰富的经验，你就会知道该如何在第一眼就给用人单位留下深刻印象。

千万不要忘记……

在简历当中，你可能会遗漏一些非常重要、能让你更容易争取到面试机会的信息。例如：

- **计算机操作技能**。如今几乎任何工作都需要你能够熟练地操作电脑，所以记得一定要在简历中注明你善于使用哪些工具和软件。当然，如果你得到了某家软件制造商的认证，比如说MCSE（微软认证系统工程师）、CCNA（思科认证网络伙伴）、CNE（Novell认证网络软件工程师）、CAN（Novell认证网络软件管理员），记得一定要突出你在电脑操作方面的优势；

- **志愿者工作**。如今，拥有志愿者经历已经成为应聘者的又一竞争优势，所以如果你曾经担任过志愿者，比如说参与过人道主义居住工程，在高尔夫巡回赛中担任过志愿者，或者曾经为慈善事业筹过款等，一定要在简历当中有所体现；

- **外语能力**。如今的世界就是一个地球村，很少有公司会完全不需要与国外的公司发生业务往来，所以如果你有突出的外语能力的话，一定要让用人单位知道。会说一两门外语将为你加分不少。

3. 奇招制胜

如果你感觉不太容易争取到面试机会，我教你一个我的老朋友蒂姆·拉什传授给我的很好的方法。这个方法总共可以分为 4 个步骤，通常来说，无论遇到多么顽固的人力资源主管，只要走完这 4 个步骤，他都会给你一个面试的机会。

步骤 1：写一封简洁的自荐信。 告诉对方："我想我完全可以胜任贵公司的工作。"然后让人将这句话放大成一张 2 英尺（1 英尺约为 30.48 厘米。——译者注）宽乘 3 英尺长的海报，将其折叠起来，寄给应聘公司的人力资源主管。

步骤 2：拿出一只旧鞋，随同一张大卡片一起寄给对方。 在卡片上写上："既然我已经'踏进'了贵公司，我希望能有个机会当面解释一下我能为你做什么。"需要提醒的是，如果对方是阿拉伯人、波斯人，或者是泰国人，千万不要这么做。对于这些人来说，给他们看你的旧鞋是一种巨大的侮辱。所以在这种情况下，不妨考虑跳过步骤 2，直接进入步骤 3。

步骤 3：买把锤子，将其放到一个大盒子里，然后附上卡片一同寄给对方。 在卡片上写上："需要再次提醒你的是，我的确是这份工作的最佳人选。"

步骤 4：买把小型园艺铲，放到盒子里，连同一张纸条一起寄给对方。 在纸条上写上："为什么不从桌子上的一大堆简历当中挖出我的简历，给我打个电话呢？"

如果这种方法还行不通，那就直接给对方寄封信，告诉对方："在

过去的两个星期里，我一直希望能够踏进贵公司的办公室，至少我已经设法让我的鞋子进入贵公司了。请问你是否可以让我前去贵公司，取回我的鞋子呢？"如果对方的人力资源主管有哪怕一丁点幽默感，他都会对你的创造力大感惊奇，给你一次面试的机会。

要点回放

- 简历的目的是为你争取到面试的机会，仅此而已；
- 一定要让你的简历与你申请的工作直接相关；
- 只要能把最重要的信息放在最前面，简历长一点也没关系。不妨模仿报纸上的新闻给自己的简历取个吸引人的标题，然后再慢慢地展开叙述；
- 假设人力资源主管每天要读200份简历。你的简历当中到底需要什么信息才能让他大感兴趣，在读完简历之后立刻拿起电话，约你面试呢？
- 寄完简历之后，3天内记得要打个电话跟进；
- 用"我能解决你们的问题"的方法；
- 通读你的简历，再三检查。确保没有语法错误和错别字；
- 根据你所申请的职位要求调整你的简历风格；
- 在督促对方向你发出面试邀请的时候，一定要表现出你的创造力。

第2章 面试前的准备
Secrets of Power Salary Negotiating

面试官通常想听到3点信息：
(1) 你能解决他们的问题；
(2) 你能激励身边的人更加努力地工作；
(3) 你能适应他们的企业文化。

薪酬谈判的第二阶段是面试。从你的角度来说，面试的目的是获得录用通知，一定要把你的注意力集中在这个目标上。在整个面试过程中，千万不要提到钱。只有当雇主明确表示准备录用你的时候，才能开始提出薪酬的问题。

在找工作的过程中，第一次面试往往是最让人紧张的。你即将进入一个完全不熟悉的领域。对你来说，这种事情一辈子也不会发生几次，而你所面对的人每天面试的次数几乎是你一辈子面试次数的10倍。在面试的过程中，双方其实是在斗智斗勇，这会加重你的紧张感。面试的结果可能是你得到了一份完美的工作和很棒的薪酬，这可能会对你今后20年的生活产生积极的影响；另一种结果是，它可能会让你感到莫大的屈辱，你可能根本没有资格承担这份工作，而且对方可能会对你提出的薪资要求表示不屑。

我的高尔夫球友泰德·派特普里斯和我说过他在当地警察局担任招聘委员时的经历。一位女士申请要当警察，但显然她并不是合适人选。在整个面试过程中，招聘委员会一直都对她非常礼貌，但泰德最后还是问了一句："我能问一下吗，你既没有相关经验，也没有接受过训练，为什么还要申请这份工作呢？"这位女士想了想，回答道："哦，先生，我打个比方吧，每次看到旁边有辆颜色奇怪的列车经过的时候，你都会很自然地忍不住想跳上去看看！"

1. 知己知彼，百战不殆

在面试前应该对公司背景有个大致上的了解，现在有了网络的帮助，你所要做的仅仅是登陆搜索引擎，然后在上面输入该公司的名称便可以得到一切你想要的信息。记得一定要浏览关于该公司的最新消息，这样你就可以对公司的最新情况有所了解。如果该公司有自己的网站的话，你也可以直接访问它，上面的信息一般都很齐全。你所了解到的背景信息能让你在面试时显得胸有成竹。比方说你可以问对方："贵公司不是上个月刚在孟加拉建了一座新工厂吗？"

要查询该公司更深层、更专业的信息，你还可以登陆国内咨询管理公司的网站，这些公司对许多公司都进行了深入调查，通常他们会将自己的调查成果出售给用户，而且还会在自己的网站上免费公布一些信息。

2. 准备充分，万无一失

任何事情都是如此，你准备得越充分，在实际操作的时候就会越放松，结果你就做得越好。所以关键在于做好准备。我还记得自己第一次（也是最后一次）跳伞的情形，走到跳伞区的时候，我害怕极了，但在他们反复向我演示跳伞过程，并且帮助我完成了一系列的准备之后，我便有了充分的自信。

与此相反的是我在维珍群岛圣托马斯潜水俱乐部的经历。我是和一群几乎全是新手的人一起去的。当我们到达潜水俱乐部的时候，由于教室已经人满为患，所以教练告诉我们："别担心，我会在去海滩的路上教你们怎么潜水的。"然后他把我们带上了一辆敞篷巴士。在

前往海滩的路上，他站在大家面前，一边拿着潜水设备，一边大声叫嚷潜水细则。这根本不够！你能想象到，这次潜水经历对我来说绝对是一场噩梦。大多数人在走到齐肩的水位时就惊恐不已，只有少数几个人完成了潜水，哪怕仅仅是在浅水区。因此毫无疑问，无论做任何事情，充分的准备都可以帮你克服恐惧，建立自信。

在参加一场重要的面试之前，我建议你不妨先参加几次你并不太在乎的面试，就权当是为自己加强信心吧！这可以帮助你更好地了解面试时可能会遇到的情况。

3．角色扮演，提前热身

如果你担心负责招聘的人力资源主管会冷不丁地提出一个你不太愿意回答的问题，那我建议你最好能够事先演练一下你在面试中可能会遇到的状况。在进行演练时，不妨把自己想象成正在最高法院接受司法委员会的盘问。让你的恋人扮演司法委员会的委员，不停地提出各种严酷的问题。经过一番演练之后，相信你就能更加自然地回答实际面试时可能出现的问题。记住，当面试官一边翻着你的简历，一边提问的时候，他通常不会提出一些你在简历中已经回答的问题。所以在排练时，不妨想象一些简历中没有涉及的问题。比如说：

- ◆ 告诉我一些你在上一份工作中所面临的挑战。记住，几乎所有面试官都会问到这个问题，所以一定要精心准备一个具体的案例。事先演练好这个场景，告诉对方你是如何掌控大局，并最终解决问题的；
- ◆ 你期待的薪资是多少？我将在本章后面的内容中进一步讨论这个问题；

- ◆ 你能否接受少于预期的薪资？
- ◆ 为什么要离开上一家公司？
- ◆ 你能为我们做什么？
- ◆ 你是否会因为感觉某些任务不道德而拒绝执行？
- ◆ 在你的上一份工作中，你感觉最难相处的人是谁？
- ◆ 你有哪些特长？
- ◆ 你的弱项是什么？
- ◆ 如果你的下属拒绝执行你的命令，你会怎么做？
- ◆ 为什么没有读完大学？
- ◆ 你最自豪的事情是什么？
- ◆ 我是否可以联系你的前任雇主？
- ◆ 我发现你在处理 _____ 方面并没有足够的经验，这让我有些担心。

记住，你的第一次面试很可能是通过电话进行的。对方的人力资源主管很可能只是通过一个电话就可以确定你是否合格。所以这一阶段人力资源主管的目标就是缩小候选人范围，所以他会问一些证明你资格的问题。而你在这一阶段的目标则是确保自己能够继续留在候选人名单上，并进入下一个阶段，也就是直接面试阶段。在接受电话面试的时候，一定要直接问对方："我什么时候可以和你面谈？"或者"我该怎样才能得到面试的机会？"

4. 面试官想要了解的事情

一般来说，面试官们想要了解3件事情：

首先，他们会告诉你一些工作要求，看你是否能决他们需要解决

的问题。面对这一情况时，你需要做的就是尽力让对方相信你可以帮助公司解决这些问题。一定要抓住这次机会，但同时也要注意有所保留，以免对方过于欣赏你，以至于即便眼前没有合适的职位给你，他们也会设法给你安排其他你不喜欢的职位。

其次，你是否拥有领导技能。你是否能够激励身边的人更加努力地工作，实现更佳业绩。面对这一情况时，你的办法就是讲述一个具体的案例，说服对方相信你有应对危局的能力，并且能够凭借自己的主动性、创造性，以及大胆果断的领导技能带领团队取得良好业绩。

最后，你是否适应该公司的企业文化。面对这一问题时，你的办法就是告诉对方你率领球队时的情形。

一定要记住，在进入新公司面试的时候，一定要把你所遇到的每一个人都当成你当天遇到的最重要的人。千万不要对人事部秘书不理不睬，却对面试官献媚。记住，他们一定会在你离开之后彼此交流一下对你的印象。

5. 主动才能脱颖而出

实际面试的时候，大多数求职者都只是被动地回答面试官的问题，并希望对方能够录用自己。这可不是一个好的谈判策略。别忘了，你可是在跟成百上千的求职者竞争。正像我在本书第二部分"薪酬谈判"当中将要谈到的那样，如果你事先拥有多个选择，你就会在谈判当中拥有更大的主动权。要想让面试官感觉你有多个选择，一个很好的方式就是在面试结束之前，直接向对方询问待遇情况。当面试官问完他的问题之后，你可以随即提出自己的问题，比如说你可以问对方：

- ◆ 贵公司最主要的竞争对手是谁，贵公司的优势在哪里？
- ◆ 贵公司的使命是什么？
- ◆ 贵公司是否会尝试从内部提拔管理者？
- ◆ 贵公司未来5年的发展计划是什么？
- ◆ 贵公司是否今天就准备发出录用通知？
- ◆ 贵公司什么时候会给我通知？

当你提出这些问题时，对方会感觉你可能并不是随随便便就接受一份工作的，你手头已经有了几个选择，你只是在权衡而已，这种感觉会让你在随后的薪酬谈判中占据一定优势。

你要设法让面试官感觉到你的特长对他们公司十分具有价值。销售人员非常清楚，一味强调自己的产品优秀并不足以让对方产生购买的欲望。"这些瓷砖都是水泥做的"——这只是在表达你所推销的产品的优点，可能对方并不关心。但"这些瓷砖绝对不会着火，也不会磨损"——这才是对方所需要的，也是对方所关心的。

同样，在面试的时候告诉对方"我是一位经验丰富的谈判高手。我的上一份工作是在一家租赁公司，每年要采购8 000多辆汽车"，只是在表明你的个人能力。"在为那家汽车租赁公司负责采购时，仅去年一年我就为这家公司节省了12.2万美元"，这才是对方所关心的。

6. 保持联系，加深印象

面试结束之后，记得一定要给面试官送去一张感谢便条。这会让你显得与所有其他当天参加面试的人有所不同。千万不要打印一份正式的信件，因为手写的便条往往更有分量。同时要记得在便条里提到

当天面试过程中的某件小事。最好的方式就是送给对方一张带有你照片的贺卡。照片可以让面试官想起你是谁，而且因为贺卡通常不会夹在信封里，所以对方的秘书通常不会将其随手丢掉。

在发感谢便条的时候，一定要让对方感觉你是一个充满关怀的人。因为几乎所有的人力资源主管都是这种性格，所以他们也会喜欢这样的你。而且这也可以表明你是一个做事非常有条理的人，也很愿意与他们共事。

还有一点需要提醒的是，一定要给所有你接触的人都发去感谢便条，而不仅只是你感觉可能会对你有用的人。

发完感谢便条之后，记得随后发给对方一封简短的电子邮件，这样会使对方更容易回复你的感谢便条。

要点回放

- ◆ 精心准备是克服恐惧、建立自信的关键。练习！练习！练习！
- ◆ 先去参加一些你并不在乎结果的面试，这样可以更好地培养自信，更好地感受一下面试的气氛；
- ◆ 与一位朋友进行角色扮演，让他提出一些我在本章当中列出的问题；
- ◆ 正式面试之前，你可能会接到助理面试官打来的电话，这是正式面试之前的筛选。你的目标是保证自己不被淘汰掉，能够进入直接面试。在接电话的时候要学会开门见山："我什么时候能见到你？"或者"我该怎样才能得到面试的机会？"
- ◆ 面试官通常想听到3点信息：
  (1) 你能解决他们的问题；
  (2) 你能激励身边的人更加努力地工作；

(3) 你能适应他们的企业文化。

◆ 面试结束之前你也要"面试"一下这家公司。不妨提出一些比较直接的问题，这样可以让对方感觉你手头已经有了几份选择，这样会让你在接下来的薪酬谈判中更有优势；

◆ 千万不要过于强调你的技能，要将技能转化为对公司的价值。比如说，你可以告诉对方："我很善于在公开场合发表演讲，所以我可以帮助你们做很多培训工作。"

◆ 面试之后记得给对方发去一封带有你照片的手写（记得不要打印）便条，随后再发一封电子邮件，这样对方就可以更加方便地回复你的感谢便条。

第 3 章　怎么谈钱的问题
Secrets of Power Salary Negotiating

在谈判过程中，钱是最为微妙的东西。作为应聘者，你最好尽可能地推迟提及薪酬问题，并且要让对方意识到你手头有多个选择。同时你还要提出高于预期的要求，制造谈判空间，鼓励对方跟你进行谈判，从而获得更好的待遇。

在谈判过程中,薪酬是最为微妙的东西。用人单位都不想在那些自己请不起的应聘者身上浪费时间。而且他们也会在你过去的薪酬水平上大做文章,因为他们觉得这样可以降低你的薪酬期待。作为应聘者,你最好尽可能地推迟提及薪酬问题,直到对方确定你就是他们要找的人为止。这样你就可以很轻松地为自己争取到更好的待遇。

接下来我会教你在面试过程中该如何处理薪酬的问题。

1. "你目前的薪酬水平如何"

对方不开口,千万不要主动提及这个问题,如果对方坚持要你回答,一定要讲出自己所有的福利待遇,而不只是工资金额。

你的回答应该是:"我的总薪酬大约 8 万美元。"在回答这个问题的时候,你的薪酬应当包括:

◆ 基本薪酬;
◆ 奖金,包括实际奖金和未来的奖励;
◆ 带薪假期;
◆ 股票期权;
◆ 出差补贴;

- ◆ 各种保险；
- ◆ 加入公司健康俱乐部的机会；
- ◆ 公司产品的内部折扣价；
- ◆ 餐补；
- ◆ 飞行里程积分卡；
- ◆ 旅馆优惠价；
- ◆ 公费进修机会；
- ◆ 公司提供的培训机会；
- ◆ 退休福利；
- ◆ 公司茶水间里的免费咖啡或茶。

你可以看到，基本薪酬和公司提供的总福利待遇之间有着巨大的差距。如果你只是告诉对方你的基本薪酬，其实就是在无形中大大低估了自己的价值。

2．"很抱歉，我们无法提供你所期待的薪酬"

这时候，你应该给对方写一封真诚的回信，最好能直接拨通对方人力资源主管的电话，告诉对方你的想法。谈判最好能面对面地进行，因为：

- ◆ 面对面的时候，你可以更好地体会对方的身体语言；
- ◆ 你可以让对方更加深刻地意识到你是认真对待此事的；
- ◆ 一旦双方达成共识，你可以当场与对方握手成交。

如果采用写信的方式，在你的信中一定要提到以下几点：

◆ 你发自内心地仰慕这家公司，而且你感觉这份工作是一个巨大的机遇，很想得到它。对你来说，唯一的障碍就是薪酬待遇；
◆ 重新阐述你在这份工作上能够为公司做的贡献；
◆ 告诉对方，你眼前还有一份工作机会，而且对方会付给你更高的薪水，但你还是想为这家公司工作。这样做会让你在谈判的时候变得更有优势，同时也会让人力资源主管更容易说服自己的雇主为你提高薪酬标准；
◆ 提出高于你预期的薪酬要求，为你后来做出让步留下余地。记得要暗示对方你的条件是可以商量的，这样可以鼓励对方与你展开谈判。比如说你可以告诉对方："我觉得我完全可以拿到10万美元的年薪。但我可以稍微降低要求。"
◆ 在提出薪酬要求的时候，不妨事先做些研究，从而让自己的要求更加公平合理；
◆ 列出双方已经达成共识的要点。这样可以让人力资源主管意识到自己已经做了很多工作。这时他的潜意识会告诉自己一旦放弃你就等于浪费了自己的时间。

3. 口说无凭，立字为证

你正在犹豫是否应该让对方给你一份书面文件吗？这一点儿没错！你的新雇主与你一样希望双方的理解一致。所以一定要签订书面合同，要包含所有的细节。如果你所申请的是一份很高的职位，在书面文件上签字的最好是一位公司高管。

要点回放

◆ 除非迫不得已，千万不要告诉对方你上一份工作的待遇；如果不得不透露这一信息，一定要提及你的所有福利待遇；

◆ 如果对方提出的待遇低于你的预期，最好能和对方约个时间，面对面再谈一下；

◆ 在进行谈判时，要让对方意识到你手头有多个选择。要提出高于你预期的要求，但要暗示对方，你的要求是可以调整的，这样可以鼓励对方与你进行谈判；

◆ 一旦双方达成共识，立刻签订书面合同，从而避免任何可能的误解。

第4章 如何给面试官留下深刻印象
Secrets of Power Salary Negotiating

到底什么会给面试官留下深刻印象？他究竟想在求职者身上找到什么？如果几位求职者资质相当，他为什么会选你？

到底什么会给面试官留下深刻印象？他究竟想在求职者身上找到什么？如果几位求职者资质相当，他为什么会选你？以下是面试中可能会让你占有优势的 8 个关键点。

1. 资　质

无论在哪里，头衔都至关重要。

如果你曾经在高中、大学，或者前任公司担任过任何职务，记得一定要提出来，头衔会让你显得更有资质。任何能够让面试官留下深刻印象的东西都是非常重要的。这些东西包括：

- 高中和大学学历。包括你在校园活动中曾经担任过的领导职位；
- 学术成就；
- 以前工作中的职位头衔。比如说副总裁、销售经理，或者是某个项目的团队领导人；
- 为同行所认可的一些荣誉。你是否担任过某个行业协会的总裁、董事会董事，或者是某个委员会的委员？你是否得过你所在行业协会的奖励，比如说被评选为"年度会员"等等？提到一些具体的经历可以让你的陈述显得更加可信。

2. 奖赏力

你怎样才能让面试官意识到你可以有效地解决他们的问题，为他们带来利润？这是一个非常重要的问题。对方一旦相信你能高效地解决他们所遇到的问题，推动企业更快成长，他们就会迫不及待地请你加入他们的团队。在告诉对方你曾经为自己的前任雇主赚到多少钱的时候，一定要用具体的数字。

3. 预告后果

如果能让对方相信不聘请你是一个错误的话，你就可以在随后的谈判中占据优势地位。比如说你可以告诉对方："这种工作非常复杂，需要执行者具有很高的技能，否则你们就会遇到大麻烦。"

4. 一致性

信任的基础是一致性。如果你想要让你的未来雇主对你建立信任，就必须表现出所从事的职业领域具有高度的一致性。哪怕你经常跳槽也没关系，但前提是每一次跳槽都能为你争取到更好的待遇，或者能积累必要的经验。但如果你只是随便地换工作，而没有任何目的性，那可就糟糕了。

人力资源主管们最喜欢听到你很喜欢自己目前所从事的领域。他们不喜欢那些在大学里因为不知道自己将来想做什么才选择艺术课程的人，这种人之所以不停地换工作，是因为始终没有找到自己真正感兴趣的事情。

5. 品　性

毫无疑问，面试官总是希望候选人是一个有道德的人。记住，千万不要为了迎合对方而降低自己的道德标准。如果面试官问你能否立刻辞去现有的工作，马上到岗，你的回答应该是："我想我现在的雇主应该同意，但如果他们不同意的话，我可能还要两个星期的时间交接工作。我要对目前的工作负责。"要小心，千万不要让对方感觉你会泄露现在公司的商业机密，或者是挖走现任公司的员工。

6. 个人魅力

展现出自己的魅力是一件非常重要的事情。我在《优势说服的秘密》(Secrets of Power Persuasion) 一书中曾经用相当大的篇幅讨论过这个问题，以下是一些简单的建议：

◆ **握手**。握手非常重要，因为它通常是你与面试官的第一次身体接触。请一位好朋友来帮助你提高自己的握手技巧。跟他握下手，然后让对方给你打分（满分10分）。然后问对方怎样才会给你打10分。如果你握手过于用力、过于轻率，或者总是手湿，那说明你需要提高自己的握手技巧了；
◆ **目光接触**。握手的时候要保持目光接触，并在对方目光转移之后仍然关注对方一会儿，这会给对方留下深刻的印象；
◆ **一句温暖的若有所思的话**。和面试官握手的时候，不妨一边看着对方的眼睛，一边说一句温暖的若有所思的话，比如说："真高兴见到你，我感觉我们能成为很好的朋友。"

- **微笑**。握手的时候要面带微笑，在坐下开始交谈的时候仍然保持微笑。这时你可能非常紧张，但如果你能保持微笑的话，对方就不会感到你的紧张。

个人魅力是一种很难解释的东西。人们可以很清楚地感受到对方的个人魅力，但却很难解释清楚。当你不明白一件事情的时候，不妨想想它的对立面。想想看，你感觉最没有个人魅力的人通常有哪些特点？如果不幸流落荒岛的话，你最不愿意和谁在一起？我想这个人最明显的特点就是：过于自我。

约翰·保罗·盖蒂（John Paul Getty，1892—1976年，石油大亨。——译者注）就是一个典型的例子。当他是世界首富的时候，很多人都很羡慕他所拥有的财产，但并不欣赏他的为人。亚里士多德·奥纳西斯（Aristotle Onassis，1906—1975年，希腊船王。——译者注）曾经在自传中谈到与保罗·盖蒂交往的经历："保罗·盖蒂所做的任何事情都必须是对自己有利的，否则他就不会去做。"

如果说个人魅力的对立面是以自我为中心，那么我们很容易发现，个人魅力是一种让人感觉你关怀对方的能力。你不一定是德兰修女，关心这个星球上所有的穷人，也不必是马丁·路德·金，关心所有遭受种族歧视的人，但你一定要学会关心自己接触到的每一个人。

卡耐基曾经在这个问题上提出了很棒的建议。他说："在对待每一个人的时候，把对方当成自己当天遇到的最重要的人。"不需要把那人当成你在未来将会遇到的最重要的人物，也不是你在这个星期遇到的最重要的人，因为那样未免太夸张了。只要把对方当成你当天遇到的最重要的人就可以了。毕竟，你不可能一边把人力资源主管当成贵宾，一边把他的秘书当成无足轻重的无名小卒。

7. 专业力

在当今这个高科技的时代，专业力显得尤为重要。如果你拥有这家公司所需要的专业知识，对于该公司来说，你就拥有了巨大的专业力。当IBM还是一家对着装有着严格要求的公司时，社会上曾经流传着一个关于该公司的故事。当时每个人都穿着灰色的套装、白色的衬衣，领子扣得严严实实。一位执行官前去参观IBM的一家分公司，和他一起搭乘电梯的，是一个头发乱糟糟、脚踩拖鞋、身穿牛仔裤配T恤的家伙。这位执行官极为不悦，立刻把分公司经理叫来臭骂一通，说他不应该让一个衣冠如此不整的人出现在公司的电梯里。经理告诉他这个人是公司的员工。"以后就不再是了，"执行官说道，"让他滚蛋！"他们立刻开除了那个员工，但没过多久便重新将其聘请回来。原来这是一位编程高手，他的能力公司里无人能及。

在面试过程中，一定要让对方感觉到你的专业力。要想做到这一点，一个最好的方式就是告诉对方一些你所遇到的具体问题，以及你是如何克服这些困难的。

8. 信息力

人类天生有一种巨大的好奇心。虽然俗话说"好奇害死猫"，但人类正是由于好奇心才成为这个宇宙的主宰。我们不能容忍没有求知欲望的人。

你把一头牛放在田地里，它可能一辈子都老老实实待在那里，从来也不想知道山那边发生了什么事。但人类却会花上数十亿美元登上火星，看看那上面到底有没有生命。

人力资源主管们喜欢了解其他公司的情况，他们喜欢听你所遇到的公司执行官的轶事，以及你所参加的人事活动的情况。当然，千万不要泄露你目前供职公司的机密信息。

要点回放

在面试过程中，一定要强调以下要点，因为这些都是人力资源主管们最关心的：

◆ 你所拥有的头衔，因为这会让你显得更有资质；
◆ 你准备如何解决对方所遇到的问题；
◆ 你准备如何帮助对方避免可能出现的问题；
◆ 你的职业经历和职业生涯规划要体现出一定的一致性；
◆ 保持较高的道德标准。千万不要暗示对方你可以透露一些商业机密，或者帮未来的公司从你现在的公司里挖人；
◆ 仔细学习一下我在本节中提到的能够帮助你提高个人魅力的方法；
◆ 最重要的是，要强调你所拥有而其他求职者可能没有的专业知识或技能。

第5章 如何应对意料之外的状况
Secrets of Power Salary Negotiating

> 如果你的前任雇主不愿意为你说好话，如果你离开上一份工作的理由很尴尬，如果面试中遇到突发状况……你应该如何面对？

1. 前任雇主不愿意为你说好话

首先，你应该把问题搞清楚。到底是你的前任雇主真的不愿意为你说好话，还是你杞人忧天？要想找到这个问题的答案，不妨请一位老朋友假扮新任雇主，给你以前所在的公司打个电话。只要打人事部门就行了，因为你只需要了解老雇主愿意透露多少信息就可以了。你的朋友可以不停地提问，直到对方实在忍不住让他闭嘴为止。我们如今生活在一个法制社会，很少有人愿意向一个陌生的第三方透露关于你的负面信息。通常情况下，他们最多只会告诉对方你在该公司工作的起止日期，或者在回答"你是否会重新雇用此人"的时候表示否定。他们不会透露你的薪酬情况，因为这样会影响公司现有员工的工作状态。

当我担任人事部门主管的时候，我只会透露离职员工的离职日期，至于其他问题，我的回答都只是"无可奉告"。记得有一次，我们一位离职员工无礼地把我所在的公司告上法庭，让我大为上火，可即便如此，我也只是在确定电话那头不是律师之后告诉对方："我们公司有规定，如果不能正面评价一位离职员工，就什么也不说。"这就是我最粗鲁的一次。

别忘了，如果你正在领取失业保险，以前的公司绝对会希望你能尽快找到工作的。

2. 你已经失业很久了

如果你正处于这样一种敏感的处境，不妨参考以下的表述方法：

- "我一直在从事咨询工作。自己单干确实让我感觉不错，但现在我意识到，如果不能加入一个大的团队，我就很难完全发挥自己的潜力。"
- "辞去上一份工作之后，我开始了一些很重要的私人旅行，现在我可以重新回来了。"
- "我一年前辞去上一份工作，因为那份工作很难让我完全发挥自己的潜力，此后我开始认真地全心找工作。我曾经接到过几份录用通知，但我更愿意等到一个完美的机会。"
- "我和我先生觉得，我们当中必须有一位待在家里照顾孩子，直到孩子进幼儿园。"
- "我父亲生病了，我需要照顾他一段时间。"

当然，千万不能撒谎，但也不要把这当成是一件丢人的事情，能够一整年不工作可是很多人梦寐以求的事情。

3. 你是被前任老板炒鱿鱼的

千万不要为这件事情而耿耿于怀。这个星球上的每个人几乎都有过被开除的经历。面试官会更想知道你被开除的原因到底是什么。

以下是一些可以接受的被开除原因：

◆ 公司集体裁员，我因为工作年限不够而被裁员；
◆ 他们关闭了本地的公司，而我又不愿意离开这座城市；
◆ 他们把我们这个部门的工作外包了。

以下是让人无法接受的开除原因：

◆ 他们发现我有偷窃行为；
◆ 我因为受到不公待遇而将公司告上法庭，结果败诉；
◆ 我的雇主是个笨蛋，他根本不听我的建议。

记住，只有当你告诉他们你被开除的时候，他们才可能想去了解原因，而且绝大多数前任雇主都只会与对方确认你的离职时间。

要点回放

◆ 不要过于担心你的前任雇主会说你的坏话，大多数雇主不会这样做；
◆ 要想了解你的雇主是否会给你不好的评价，不妨先让你的朋友假扮人事主管给你前任公司打电话；
◆ 如果你已经失业一段时间，不妨为你的这段长期"休假"构思出一个合适的理由。

第6章 被录用后的注意事项
Secrets of Power Salary Negotiating

你终于被录用了。但这是不是一份好工作？你还想要什么？在开始进行薪酬谈判之前，不妨综合考虑一下这些问题。

薪酬谈判的第三阶段是回应对方的录用通知。得到录用通知之后，就轮到你发球了。这是不是一份好工作？你还想要什么？在进入第三阶段之前，不妨综合考虑一下这些问题，然后就可以开始实际的谈判了。

什么时候开始讨论工作薪酬最为合适呢？通常来说，最合适的时间是对方准备提出录用通知的时候。当然，你也可以稍微推迟讨论薪酬问题的时间。在回答对方"期待薪酬"这一问题的时候，不妨写上"面谈"。如果面试官坚持要你给出具体的要求，你可以告诉对方："我想我们肯定可以达成一致，但我想我们可以等双方都确信我适合这份工作之后再讨论这个问题。"

讨论这个问题的最佳时机是等对方发出具体的录用通知，而且感觉他们一定要将你招到公司的时候。还记得以前那些上门推销百科全书的推销员吗？在确定你的确想要买他们的百科全书之前，他们是不会告诉你具体价格的。想想看，如果他们一敲开你家房门就说你："请问你想要买一套百科全书吗？每套700美金。"他们可能永远都不能卖出一套。在对方决定聘请你之前，一定要让他们有强烈的欲望，极度渴望你能够加入公司。当对方狂热地想要请你加入的时候，再讨论薪酬问题就是一个好时机了。

1. 你应该得到什么

离职金

是否应该一开始就与对方商谈离职金的问题呢？这对于一位普通员工来说并不容易。相比之下，高级管理层会比较容易做到这一点。如果目前供职的公司愿意支付你一笔离职金，不妨要求你未来的公司也立下同样的承诺。如果你的新公司不愿意提供离职金，你可以告诉对方："我很在意公司未来的发展状况。如果公司被出售，或者我任职的职位被裁减，公司会给我怎样的补偿呢？"

由于在开始工作之前就为自己争取离职金比较难处理，所以这种事情最好交给代理人或者是律师来处理。

公司需要因为你的加入而赢利

是的，公司从你身上赚到的钱，一定大于它所支付给你的薪酬，你一定要接受这个事实。作为商人，雇主都喜欢能够接受这样现实的员工。让人感到吃惊的是，如今有很多年轻人都有一种非常奇怪的想法，他们认为雇主是在欺骗自己，因为自己为公司创造的价值要远远大于公司付给自己的薪酬。这是不可改变的现实，公司必须要从员工身上获取利润来维持生存。

雇主们都喜欢听到员工说出这样的话："如果你能够付给我10万美元，我可以为公司每年赚到50万美元，这样我们双方都满意。我来告诉你我的工作计划吧。"

其他可商谈事项

首先是各种福利——

- 保险：五险一金；
- 假期：病假、私人假期、带薪假期、年假（天数、休假方式等）、产假、婚假等；
- 交通：班车、免费停车位、里程报销、交通补贴等；
- 提升：培训、参加行业协会的机会、参加职业培训的机会等；
- 健身：健康俱乐部会员费、使用公司健身器材的机会等；
- 其他：可以用折扣价购买公司的产品或服务，享受公司提供的紧急贷款。

然后商谈一些与工作相关的事项——

- 办公室的大小和地点；
- 是否可以使用公司提供的电脑和网络设备在家办公？
- 是否实行弹性工作制？
- 你的薪酬待遇最快多长时间调整一次？
- 你需要向谁汇报工作，谁又会向你汇报工作？
- 如何解决分歧？通过仲裁还是法律手段？谁来支付相关费用？

其他薪酬形式——

- 股票期权、分红、退休金、离职金以及业绩奖金。

搬迁补贴——

- ◆ 搬迁补贴中是否包括家具包装费用？
- ◆ 寻找住房的成本是否可以报销？
- ◆ 公司是否负担搬迁费用（比如说补偿一个月的工资）、安置新家的成本，以及配偶寻找新工作的成本？

对照上面，你会发现自己可能忽略许多可商谈事项。在与未来公司展开薪酬谈判之前，要考虑清楚你想要得到什么，以及你愿意为此而付出什么。

2. 什么时候该提出你的期待薪酬

是否要一开始就提出薪酬的问题，以免到最后才知道对方无法支付令自己满意的薪酬，结果浪费大量时间？

千万不要！除非对方主动提到薪酬，否则千万不要提及。对于你来说，主动提及这个问题无疑是一种明显的对抗态度，而且很可能会被看成是狂妄自大的表现。不管你的措辞有多么谨慎，对方都会感觉你是在发出威胁："如果你们不能付给我令人满意的薪酬，我还可以有更好的选择。"

3. 新公司坚持要你报出以往薪酬水平

遇到这种情况时，如果你想要大幅提高自己的薪酬水平，首先必须遵守以下3条原则——

原则1：绝对不要主动告诉对方你以前的薪酬水平；

原则2：如果对方问到，尽量避免直接回答——

- "还是先不要讨论这个问题了，等到确定我适合这份工作之后再说吧。"
- "我们以后再讨论这个问题。对于现阶段的我来说，找到适合自己的职业远比薪酬重要得多。"

原则3：如果对方硬要你回答，绝对不要撒谎（他们以后很可能因为这个而解雇你），不妨给出模糊一些的答案——

- "我的总体薪酬大约为9.5万美元。"（其中要包括你所享受的所有福利待遇。）
- "当时为了能够在这个行业争取到一些经验，我愿意接受低工资。显然，我今天已经不会再接受那种水平的薪酬了。"
- "那是在一个消费水平较低的城市。我在这里所需要的费用是那里的两倍。"
- "当时有很多电脑程序员都在寻找工作，所以那时的薪酬非常低。"
- "当时我的薪酬的确是那个水平，但我现在想要换份工作，为自己争取更大的发展空间，所以我也需要提高自己的薪酬水平。"

要点回放

- 如果对方要你签合同，答应如果在一定期限内离职就要交还签约奖金，你不必放在心上，因为发生这件事的概率相当小；
◆ 强调你离开现在的公司所遭受的各种损失；
◆ 尽量争取到一笔年终奖金，并争取通过试用期后可以调整薪资；
◆ 你完全有可能争取到一笔离职金，尤其是你身处公司高级管理层的时候更是如此。但在谈判阶段讨论这一问题会比较难以处理，建议你稍后再做；
◆ 公司需要通过你的工作赚到钱，一定要接受这个现实！强调你能为公司带来更多利润，这样会使你的薪酬要求显得更加合理；
◆ 不要只盯着对方能够付给你多少钱。还要考虑其他对自己有价值的福利待遇；
◆ 不要谈论自己以前的薪酬水平。如果不得不透露这一信息，不妨想出一个理由来说明你当初为何接受如此低的待遇。

第7章 你值多少钱
Secrets of Power Salary Negotiating

你觉得自己值多少钱？用人单位又觉得你值多少钱？计算薪酬所依据的标准到底是什么？

1. 公司如何确定雇员的薪酬水平

不妨想一下，公司究竟是如何确定该给一个人多少薪酬的？世界上最大的跨国公司的人力资源主管曾经告诉我，他所在的公司通常会考虑3个主要因素：

- ◆ 你的上一份工作收入多少；
- ◆ 当前市场上同类工作的薪酬水平；
- ◆ 内部公平性。即公司现有员工的薪酬水平如何。如果你要求的高于公司现有同类职位的薪酬水平，不妨调整一下你的要求，转为要求对方提供一笔签约奖金。

2. 怎样计算一份工作值多少钱

网络是一个非常强大的信息来源。比如说在美国，www.salary.com 是一家非常全面的综合性薪酬计算网站。例如，我想做一名商业房产评估师，我在这家网站上按字母顺序找到这一职位，在上面可以看到"商业房产评估师"排在第9位，网站所提供的职位描述是：

负责评估民用和商用房产。通过分析和调查了解公平的市价和资产评级，确保房产符合说明细则。从业人员要求具备学士学位，至少拥有本行业或相关行业 7 年以上经验。熟悉本行业的各种理念、惯例，以及相关流程。能够利用自己的经验和判断来规划和实现业务目标，完成各种不同的任务。可以领导或指挥其他人的工作。拥有较强的发散思维和创造能力。通常需要向部门主管汇报工作。

通过相关链接，我发现该网站还提供了基本薪酬参考，而且完全是免费的！在这家网站上，我了解到这一职位的平均年薪为 84 035 美元。这也就意味着，根据该网站对多家公司人力资源主管的调查，至少有一半商业房产评估师的年收入低于这一水平，还有一半高于这一水平。它还说明，一般来说，如果加上年终奖金，你每年的总收入大约可以达到 89 280 美元。

同样，在中国也有一些较好的薪酬网站，比如中华薪酬网、中国薪酬网、中国薪酬调查网等。你也可以登陆这些网站获取你所申请职位的薪酬待遇信息。

要点回放

◆ 你的新公司通常会根据 3 个要素来设定你的薪酬水平：
   (1) 你以往的薪酬水平；
   (2) 其他公司的薪酬水平；
   (3) 该公司当前的薪酬水平。
◆ 不妨在薪酬网站上研究一下当前同等职位的薪酬水平。

第 **8** 章 离职时怎样保持理性
Secrets of Power Salary Negotiating

> 俗话说"合久必分"。如果你想离开,应该怎么做?
> 离职前,你应该得到些什么?

1. 如何商讨离职金

加入新公司之后，最好和你的雇主商讨一下，如果离职你将能获得多少离职金。关于这一问题，我的建议如下：

了解当地的相关法律。某些州的法律规定，应聘者离开上一家公司时，新公司需要支付其已经完成了的工作的薪酬、带薪假期，以及还没有休的病假，健康福利也可以随工作转移的。只要在 Google 上搜索一下，就会发现，在加利福尼亚，当地的法律规定公司应当为你补贴没有休完的假期，但没有休完的病假却不在补贴范围，而且也没有关于一定要支付离职金的规定。

公司主动提供离职金的原因。有时候即便没有相关的法律规定，公司还是会为你提供离职金。原因可能是：

- ◆ 对你所付出的努力表示感激和欣赏；
- ◆ 公司希望得到一个良好的评价；
- ◆ 公司不希望因为"歧视"你而遭到起诉；
- ◆ 公司不想你带其他员工一起到新公司；
- ◆ 公司可能不想让你投奔竞争对手。

签任何合同之前，一定要冷静仔细地阅读整份文件。你可能会因为一时冲动而放弃一些重要的权利。虽然对方提供的待遇看起来非常不错，但也可能会抓住你刚被开除的机会而让你接受较低的薪水。

如果合同规定，公司可以以正当理由而开除你，一定要多加注意。例如，公司不能因为你多年前出过的一个小问题而开除你，而且也不能因为一些微不足道的失误，比如说在寻找新工作时泄露公司的一些无关紧要的信息，而随意开除你。

最后，需要记住的是，一旦你拒绝了对方提供的离职金，他们就不再有义务提供给你任何类似的补偿了（虽然很多公司也会为了表示公平而主动提供类似福利）。

2. 你是真的想换工作吗

如果你已经厌倦了眼前的工作，决定要换个环境，你可能会想先辞职，然后全心去寻找新的工作。千万不要这样做！当你还拥有一份工作的时候，往往会更加容易找到新工作，而且这样也有利于你争取到更好的条件。

在放弃现在的工作之前，一定要仔细想一想自己是否只是暂时厌倦了眼前的工作，真的有必要换工作吗？你是否还能提起对眼前工作的热情？以下是一些可能会导致职业倦怠的因素，以及相应的解决方案。

案例1：你失去了自己的"导师"。你以前之所以感觉工作令人兴奋，是因为有一位对你充满信心，而且总是在鼓励你的y主管。现在你的这位"导师"被提拔了，你的新主管对你并没有太大的兴趣。

解决方案：与你的新主管一起制订一份职业规划。想想怎样才能为自己争取到升迁的机会，并像对待一份新工作那样对待你的新主管。

案例2：你的公司开始裁员了，人越来越少，需要承担的工作越来越多，工作变成了一种折磨。

解决方案：想想怎样才能利用科技提高工作效率，进而解决工作过于枯燥的问题。比如说是否可以采用一些新的办公软件？是否可以通过部门重组来让工作变得更加高效？有些工作是否已经毫无意义，你只是在完成已经无用的流程？一定要抓住机会，主动发现问题，并提出相应的解决方案。

案例3：你做同一份工作的时间确实太长了，现在这份工作对你来说已经没有任何挑战了。如果一味做着重复的工作，你永远都不可能有大的进步。正像我写的《周末百万富翁的秘密：百万富翁是如何投资房地产的》(The Weekend Millionaire's Secrets to Investing in Real Estate) 一书中提到的那样："改变用途就能改变价值。由于土地资源的稀缺，房地产总是会增值的，但如果你能稍微改变一下房产的用途，它就有可能在短期内实现较大升值。如果你在一条主要的街道上购置一处房产，然后将其转变为商业用途，则这处房产就会在短期内急剧升值。如果你购置了一座公寓楼，然后将其分割成小隔间，分开出售，这样你就可以在短期内实现较大利润。"这一原则同样适用于个人。毫无疑问，专心致志地完成眼前的工作，你就能够获得一定的提拔和加薪，但如果你想要在短期内获得加薪机会，你就需要设法改变自己在公司当中的地位。

解决方案：不妨参加一些培训课程。可以参考我的录音产品出版商 the Nightingale Conant 公司（www.nightingale.com）出版的音频和视频产品。多参加一些行业内的会议和活动，这样你就可以了解更多的新潮流和新趋势，并学会一些新技能，让自己前途更辉煌。

3．带着尊严离开

找到一份待遇更好的工作之后，你可能会感觉以前的雇主欺骗了你。你是否应该让你以前的雇主体会到你的这一感受呢？

绝对不要！职场上有一个不成文的规定，在离开一家公司之后，千万不要批评以前的公司，绝对不要在新公司里说前公司的坏话，而且要尽量与以前的公司保持良好的关系。记住，你随时都可能需要以前的雇主为你说上几句好话。

你的辞职信要简洁而切中要点：

我已经在另外一家公司找到了新的工作，如果你不要求我尽早离开的话，我想到本月底再离开公司。我非常留恋在这里的时光，对领导和同事充满感激之情。

毫无疑问，你的同事几乎都想了解你要去哪里，以及你为什么要离开，但千万不要告诉他们。"我不会告诉任何人我要去哪家公司就职，因为我并不想让他们感觉那家公司的待遇会更好一些。我希望我离开之后大家能够继续做朋友。"

做完这一切之后，你就可以自豪地回过头来看一下自己在这家公司的供职时光。

> **要点回放**

◆ 千万不要因为你是被上一家公司开除的就放弃离职金；

◆ 千万不要给你的雇主制造任何可以开除你的理由；

◆ 千万不要为了全心寻找下一份工作而辞去现在的工作；

◆ 其他的工作看起来可能会更加诱人，但你还是需要下一番功夫才能得到它。在决定跳槽之前，一定要想尽办法解决与现在公司之间的问题；

◆ 一定要带着尊严离开你现在的工作。"甩手走人"听起来可能比较潇洒，但对于职业发展却不是一件好事。

第9章 你想现在就加薪吗
Secrets of Power Salary Negotiating

如果你现在工作表现很好,又不想用"生活成本不断上升"这一冠冕堂皇的理由向雇主申请加薪,该怎么办呢?

如果你现在工作表现很好，希望雇主能给你加薪，该怎么办呢？

除了"生活成本不断上升"这一冠冕堂皇的理由之外，你很难找到其他理由让你的雇主从自己的口袋里掏出更多的钱给你。如果你想要大幅提高自己的收入，不妨设法为自己在公司内部争取到升职的机会，这样会更加容易一些。我建议你首先为自己设定一个升职计划，然后与你的雇主一起讨论这个计划。比如说你现在是一名销售人员：

- ◆ 你希望能够在18个月之内升任公司区域销售经理；
- ◆ 你想在2年之后成为大区域销售经理；
- ◆ 你想在2年之后成为全国销售经理；
- ◆ 你想在2年之内成为公司营销副总裁。

如果你有这些计划，不妨找个机会直接与公司总裁交流一下，看看你所设定的目标是否符合现实。问问他，如果想要达到这一目标，你需要做些什么。总裁会非常喜欢你这样的员工。在他的眼中，你是一名干劲十足、充满动力，想在自己的工作岗位上有所作为的优秀员工。经过讨论之后，你便有了一份可行的升职计划，你的收入自然也会增加，也就不必再用"生活成本上升"之类的理由来恳求雇主加薪了。

要点回放

◆ 要想让雇主给自己加薪,不妨和他一起制订一份你的职业发展规划;

◆ 你永远不可能靠"生活成本上升"这一理由让自己成为富人。如果想要让自己的加薪理由更有说服力,你需要增加自己对公司的价值。

第10章 如何使用终局策略
Secrets of Power Salary Negotiating

> 所谓终局策略，其实就是一套设法让对方尽快同意某件事情的方法。在薪酬谈判中什么时候该使用终局策略呢？

如果你是一名销售人员，你可能会很熟悉终局策略。所谓终局策略，其实就是一套设法让对方尽快同意某件事情的方法。

在薪酬谈判中什么时候该使用终局策略呢？主要是在以下4种情况当中：

- ◆ 当公司人事部门的助理人员给你打来电话，与你讨论你的简历，并向你了解更多细节性信息的时候。终局策略将可以帮助你把这次通话推进到面试阶段；
- ◆ 当你在公司进行第一轮面试的时候。终局策略可以帮助你进入下一轮的面试；
- ◆ 你已经通过了几轮面试，但公司还没有准备好发出录用通知的时候。终局策略可以帮助你尽快得到自己梦寐以求的录用通知；
- ◆ 对方已经公布了薪酬标准的时候。终局策略可以帮助你让对方更快地做出积极的反应。

如果你在申请一份销售或者是销售管理的工作，终局策略还可以帮助你达到另一个目的。它们可以让你未来的雇主见识到你的销售技巧。当公司在面试销售人员的时候，雇主们常常希望你能够运用销售技巧说服他们聘用你。如果你无法为自己争取一个好的条件，他们很可能会感到有些失望。

在本章中，我将教给你一些顶级销售人员经常使用的销售技巧。我18岁的时候就已经开始靠销售来养活自己了，多年以来，我目睹了终局策略制造的很多奇迹，如果通过反复阅读你能够记住这些技巧，它们将帮助你在薪酬谈判中创造奇迹。

1. 驳船式策略

如果你曾经在壮阔的密西西比河上徜徉，相信你一定会被那些把大船拖进密西西比河的小驳船所震撼。一只不到30英尺长的小驳船居然能够拖动一支船队，而船队中每艘大船重量都超过1万吨。我在洛杉矶附近出海时，记得自己曾经吃惊地看到一艘小船居然正拉着一艘30万吨的超级油轮驶向大海。可它根本不可能用蛮力迫使超级油轮改变航向。无论如何加大引擎，它都不可能动摇油轮分毫。那么这些不起眼的小驳船究竟是怎么做到的呢？它们的神秘力量究竟来自哪里？开过驳船的人都知道，只要能够一次用上一点儿小力，它就可以拖动巨大的货物前进一点点。一次用一点儿力气，它就可以完成哪怕是最不可思议的壮举。

这和薪酬谈判又有什么关系呢？同样地，一次用一点儿力气，你就可以实现最不可思议的结果。一次用一点儿力气，你就可以让世界上最难说服的客户把订单给你。

我曾经使用驳船策略从一家银行那里争取到了25万美元的贷款。当时我与另外一位投资商一起购买了33套房子，后来我想要买下对方的股份。要做到这点，我需要从银行得到25万美元的贷款，但我只能用现有资产做二次抵押。刚开始的时候，银行因为觉得风

险太大而拒绝。接着，另外一位投资者和我一起见了该银行的副总裁，结果对方给出了同样的答复。可我们还是礼貌地坚持自己的要求，因为我们知道，只要他不把我们轰出去，我们就会越来越接近成功。一个小时以后，这位副总裁同意，只要我们能够拿出一张10万美元的存款证明，他就可以为我们提供贷款。听到这个答复之后，我们并没有立刻反对，而是继续恳请对方提供贷款，因为我们明显感觉到对方已经开始有所松动。又过了一个小时，他终于同意用现有资产进行抵押贷款。

所以下次在进行薪酬谈判的时候，如果你坚信对方绝对不会改变主意，不妨想想那艘拖动万吨油轮的小驳船。你的未来雇主也同样会改变自己最初的想法。即便他一天、一小时甚至仅仅一分钟之前曾经拒绝过你，也不能说明他一定会拒绝你的下一次请求。只要一次用上一点点力气，你就可以改变任何人的决定。

2．马场策略

当我还是个小伙子的时候，我曾经花了2年时间在伦敦摄影学院学习。每次假期，我都会去为那些养马人拍摄纯种马的照片，以此来赚取外快。这是一项非常特别的摄影工作，因为养马人往往不喜欢常规的拍摄风格。他们希望照片能够清楚地反映出马匹的样子，这样他们就可以通过照片来准确地判断马匹的情况。在拍摄这种照片时，通常需要马匹后腿稍微靠前一些，这样养马人才能清楚地看到4条马腿。

要做到这一点并不容易，因为性格暴躁的纯种马很少会愿意这样做。当你把马牵到照相机前面，马又不肯配合的时候，无论你怎么挪动马腿，只要你一放手，它就会立刻恢复原状。相信许多求职者也曾经想用类似的方法来改变未来雇主的想法——纯粹使用蛮力。

在这种情况下，要想改变纯种马的站姿，唯一的方式就是让它忘记自己最初的站姿。这时我就会带着它绕马场，一边转悠，一边轻声与它交谈，让它逐渐忘记自己早些时候的站姿。然后我会重新把它带到照相机前，看看它这次的站姿如何。如果它仍然没有按照我预想的姿势站立，我就会耐心地再带它绕马场转悠。

有些雇主就像这些纯种马。他们拒绝你的理由和这些纯种马拒绝改变站姿的理由完全相同。遇到这种情况时，一定要记得带着他"绕马场转上一圈"。千万不要马上强迫对方改变主意。不妨给对方讲个小故事，让他的思绪暂时脱离自己先前的决定。告诉自己："现在时机不对。不过我可以先转移他的注意力，过几分钟再提出要求。"在精神上带着他绕马场转悠一圈之后，如果对方仍然拒绝，你不妨再带着他转上一圈，用一个故事转移对方的注意力，然后再提出要求。

优秀的销售人员甚至会带着客户转上五六圈。伟大的销售人员可以带着客户转上十几次却仍然不会感到疲惫。所以当对方对你说"不"的时候，千万不要把这当成是拒绝。不妨把它看成是一个信号："该带着他绕马场转一下了。"

3．"你并不会因为这个就放弃吧"策略

这是我将教给你的最简单的终局策略，可除非你亲自尝试一下，否则你肯定不会相信它的威力居然如此强大。

我儿子德维特曾经当过汽车销售员，这是他在推销汽车的那段日子里教给我的。每当有客户提出反对意见时，德维特并不会马上与客户争辩或想办法说服对方，这时他会告诉对方："但你并不会因为这个就放弃这笔交易吧？"刚开始时，他感觉这样做的确有些愚蠢，因

为他觉得客户一定会讥笑他。可过了一段时间之后，他发现有很多客户都不会因为提出了反对意见而放弃交易。他们会说："你们只有红色车子吗？我们更想要绿的。"

这时他会告诉对方："但你并不会因此就放弃这笔交易吧？"

然后对方会回答："哦不，我想不会的。"

这种情况听起来有些不可思议，但只要尝试一下，我想你就会发现自己多年来一直担心的问题其实并没有什么大不了的。比如你的未来雇主可能会说："你在制作模具方面并没有什么经验。"

这时你可以说："但你并不会因此就放弃我吧？"

对方很可能会说："哦，不会的，只要你愿意像你所说的那样努力工作就可以了。"

笑到最后的人知道自己并不一定要满足对方的所有要求。如果你总是想要驳倒未来雇主的每一个观点，你就会开始感觉自己像是在玩射击游戏，每次打倒一个目标，新的目标反而会源源不断地冒出来。

4. "你可以承受"策略

曾经有一家旅行社使用这一策略从我的口袋里掏走了7 000美元。只要在适当的环境下适当使用，我想这种策略还是非常有效的。

几年前，我的女儿茱莉亚和我决定去非洲度假。我们想去爬坦桑尼亚境内的乞力马扎罗山，还想去肯尼亚参观野生动物保护区。可就在出发之前，我们碰巧看了一部名叫《雾锁危情》(*Gorillas in the Mist*) 的电影。电影的女主人公黛安·福斯（Diane Fosse）英勇保护卢旺达境内一群濒临灭绝的山地大猩猩。这部电影让我们大为震撼，所以我给旅行社打电话，希望他们能安排我们在非洲期间看一下这些山地大猩猩。接到我的电话之后，对方开始查看日程表，并承诺几天之后会给我回电。"世界上只有 29 只银背黑猩猩了，"她告诉我，"它们都在非洲中部，卢旺达、乌干达和扎伊尔交界的地方。由于黑猩猩的数量非常少，而且它们全部都处于野生状态，几乎不可能看到。可扎伊尔总统的弟弟在那里的山上拥有一座小型度假村，我可以在圣诞节之前的那个星期安排你前往那里。不过这需要你另外支付 7 000 美元。"

一听到这个价格，我差点没噎住。我们并不是专业的自然学家，并没有把见到这些黑猩猩当成自己的人生目标。之所以想去看这些黑猩猩，唯一的原因就是因为我们看了一部相关的电影，对它们产生了好奇心，仅此而已。"苔丝，"我说道，"我也不清楚自己是否愿意为了看这些黑猩猩而花上 7 000 美元。"

她的回答棒极了。她说道："哦，罗杰。如果你的确想看到它们，你可以承受得起。还是去看看吧。"

我想这可能是我听到过的最棒的成交策略了。当然，从表面上看，她在这个过程中把我大大恭维了一番，让我相信自己是个有钱人，有大把的钱可以挥霍；事实上，她是在告诉我："你的确想看这些黑猩猩，而且你能负担得起。"所以我当即表示接受。结果证明，看到黑猩猩的那一刻是我们这次旅程中最为开心的时刻。

在面对一位对你的薪酬要求"大跌眼镜"的雇主时，比如他告诉你："我这辈子绝对不会付给一位销售经理 20 万美元的年薪！"你只要微微一笑，告诉对方："呵呵，你知道我会交出一份完美的答卷，你能花得起这笔钱！"记住，首先要让对方有欲望将你揽入麾下，只有这样，这一策略才行之有效。

5."听之任之"策略

我的少年时代是在英格兰度过的,在那段日子里,我曾经推销家用电器谋生,我的大多数客户都是夫妇。在推销的过程中,我发现,只要我能在演示即将结束的时候留出几分钟时间让对方独自思考,这笔生意的成交率就会大大提高。而如果我一味地盯在他们身边,我很可能就会失去这笔生意。非常简单的道理:无论与一个人有多熟悉,你都不可能完全读懂对方的心思。所以看完我的演示之后,客户往往并不确定自己的配偶是否想要买下眼前的东西。这时你需要让客户单独相处一下,给他们机会征求对方的意见:"你觉得怎么样,亲爱的?"

这种策略不仅适用于夫妻二人之间,即便是在面对一家公司的总裁和副总裁的时候,这种策略同样适用。总裁可能很想达成交易,可他希望能先得到副总裁的支持;或者副总裁可能很想立即成交,可他却并不知道总裁是否会否决自己的提议。所以这时你需要给对方留出一些时间,让他们单独解决这些问题,这样你往往就能更容易与对方达成交易。

我发现,学会了这一策略之后,我在成交过程中遇到的很多问题就都迎刃而解了。

千万不要让未来雇主提出要花时间考虑一下,你一定要自己主动提出来。你不一定要直接告诉对方,"给你点儿时间考虑一下吧"。你只要找个借口暂时离开,比如说去冲咖啡,或者去卫生间就可以了。

6.文森·隆巴蒂策略

当你希望得到额外福利,比如说使用公司的公车或者是申请乡村俱乐部会员时，文森·隆巴蒂（Vincent Lombardi）策略将会是一个很棒的选择。在向未来雇主推销自己的时候，对方心里通常会逐渐形成一种抵触情绪。一旦到了要作决定时，他们就会开始抵制自己内心那种想要立刻雇用你的冲动。他们可能非常担心自己作出了错误的决定，或者自己并没有争取到最好的交易。无论是出于什么原因，在他们作出最终决定之前，内心的这种压力会不断加大。而一旦作出了聘用决定，他们的大脑中就会发生一个奇妙的变化，他们开始不遗余力地强调自己刚刚作出的决定。正是这个时候，你可以让他们作出更多的决定，甚至说服他们为你提供一辆车，或者是给你一间拐角办公室。

汽车销售人员们都知道，只要自己能够说服你购买任何型号的汽车，即便是最便宜的，他们就有机会把你请进成交室，想尽办法让你购买更多的东西——正是这些给他们带来了收入。

所以优势成交的秘诀之一就是，你不一定在一开始就提出所有要求。一旦双方达成了协议，客户就不再是你的对手，而是你销售过程中的伙伴。这时你就可以进行第2轮努力，并提出能够为你带来额外收入的提议。

文森·隆巴蒂总是在谈论"再次努力"的重要性。他总是喜欢播放自己的《绿湾派克》（*Green Bay Packer*，一部反映美国威斯康星州著名橄榄球队的电影，该球队曾经在20个世纪六七十年代风靡一时，文森·隆巴蒂是该球队的教练。——译者注）电影片段，播放那些几乎要接到球但却最终失手的接球手的片段。接球手们并没有放弃，而是再次努力，在球落地之前抓住球。或者是那些受到攻击但还是设法挣脱、触地得分的跑卫（列阵时排在四分卫的后面或旁边，通常比较擅长于持球冲锋，也能做阻挡和接传。——译者注）。然后文森·隆巴蒂就会告诉自己的队员，每个人都在做"再一次努力"。在文森·隆巴蒂

看来，好的球员和伟大的球员之间的区别就在于，伟大的球员会再次努力。当所有其他人都以为输掉了这场比赛的时候，他们还是会不断努力。

如果你第一次参加面试，而且感觉情况不妙——面试已经接近尾声了，可对方并没有表示会对你进行第二次面试，这时你不妨告诉对方："我知道贵公司通常会对求职者进行一些测试，为什么不让我试试呢？"进行第二次尝试可以让你继续停留在候选人名单中。

能否为自己争取到一份"不错"的薪酬还是一份了不起的薪酬，这完全取决于你是否愿意再次尝试。当所有其他求职者都说，"这是一份不错的待遇，千万不要错过"的时候，你不妨再努力一把。如果你想成为一位了不起的薪酬谈判高手，不妨牢记文森·隆巴蒂的忠告："当别人都在大喊'放弃吧，你已经够努力了'的时候，你需要再加一把劲儿！"

7. 沉默策略

沉默是一种非常有趣的策略。在使用这一策略的时候，你只需要做完演示，然后就闭嘴！这时，第一个开口的人就会输掉谈判。

客户们通常会用以下3种方式中的一种来回应你的销售演示：同意；拒绝；或者告诉你他们无法作出决定。你当然希望他们表示同意，所以当他们说"不"，或者表示自己无法决定的时候，不妨耐心等待对方作出决定。在确定对方不会表示同意之前，千万不要改变你的报价。

我曾经对一栋写字楼提出报价，对方开价24万美元。我的报价是18万美元。坦白地说，提出一个这么低的报价简直让我担心得要死。我以为卖方会大发雷霆，说我是在浪费他的时间。所以在告诉他报价的时候，我十分紧张。我把报价单翻转过来，推到他的面前，把笔放在报价单上让他签字。

他拿起报价单，从头到尾仔细读了一遍。然后放下报价单，看了看我。我咬紧牙关，努力让自己不要开口说话。

只见他再次拿起报价单，又通读了一遍。然后他放下报价单，又开始看我，双方沉默了大约5分钟。

最后他说道："我想我现在应该说'是'，'不'，或者'可能……'是吧？"

我微微笑了一下，但还是一言不发。只见他第3次拿起了报价单，又读了一遍。然后他说道："我不会接受这个报价，我能接受的报价是……"只见他在报价单的下面写上了自己能够接受的报价，然后翻转过来，推到我面前。

沉默策略是最容易理解的，但却是最难应用的。我们不习惯沉默，哪怕只有一分钟，也像是过了很长时间。

记住：**一定要假设客户会同意。在确定对方会接受你的报价之前，请保持沉默。**

8．"取决于……"策略

当未来雇主感觉你要求他们作的决定比较重大的时候，"取决于"策略就会是一种非常有效的应对方法。我们知道，在房地产行业，当客户们选购新房的时候，可能会是他们一生中最大的一笔投资。所以，即便是我们为他们找到了最理想的房子，由于这个决定非常重大，他们还是可能会选择中途放弃。我告诉我们的房地产经纪人，遇到这种情况的时候，不妨对客户说："我们为什么不先咨询一下相关人士，了解一下你的财务状况再说呢？"就这样，通过为对方的决定制造条

件，你实际上是在把一个非常重大的决定变得似乎不那么重大。毫无疑问，一名好的房地产经纪人非常清楚客户的经济状况，所以这种策略一般都非常成功。

人寿保险经纪人也会遇到同样的麻烦。这时他就会告诉对方："坦白说，我也不知道公司会否会受理你的保险。这要取决于你能否通过身体检查，所以为什么不先签个意向书，等你通过体检之后再作决定呢？"这会让对方感觉这并不是一个那么重大的决定。但另一方面，这位代理非常清楚，只要客户真的去做体检，就意味着他一定会为自己买下一笔保险。

所以当你感觉自己未来的雇主不大愿意作出录用决定的时候，不妨尝试一下"取决于……"策略。你可以告诉对方："显然，你想让我先做一下编辑能力测试，那么请问你可以根据我的测试结果来作出最后的决定吗？"这时对方就不会感觉自己是在作一个很大的决定。当然，前提是你确信自己能够在编辑测试中得到高分。

9．本·富兰克林式策略

如果你是一名推销员的话，相信你一定听说过本·富兰克林成交策略。富兰克林曾经给英国化学家约瑟夫·普雷斯特里（Joseph Priestley）写过一封信，在这封信中，富兰克林谈到了自己是如何作决定的，他写道：

> 我（作决定）的方式是：在一张纸上分出2栏，在一边写上赞同的理由，另一边写上反对的理由。考虑了三四天之后，我会在不同栏里写下自己在不同时间对这些理由的思考。然后把它们全部综合到一起，估量出它们各自的分量，当我发现栏

目两边理由的分量相当时，我就会把它们勾掉。如果发现1个赞同的理由可以抵消2个反对的理由，我就会把这3个都勾掉。如果发现2个反对的理由可以抵消3个赞同的理由，我就会把这5个都勾掉，然后接着判断。就这样，又考虑了一两天之后，当我实在想不出新的理由时，我就会根据自己得到的结果作出决定。

本·富兰克林策略的优点在于，当人们不知该如何作决定时，该策略可以帮助他们建立更加良好的自我判断。在使用该策略时，一定要把握好一个前提，否则富兰克林策略根本无法奏效。使用该策略之前，你可以告诉对方："雇主先生，我们最伟大的政治家之一本·富兰克林就不是很善于作决定。我告诉你他是怎么做的吧。当富兰克林遇到无法作出决定的事情时，他就会拿出一张纸，在中间画一条线，左边写上应该继续某个项目的理由，右边写上应该停止该项目的理由。如果'继续'的理由超过了'停止'的理由，他就决定继续。你觉得这种方法如何？"记住，在为对方展开分析之前，一定要首先得到对方的同意。否则就算你讲得再清楚，他还是会告诉你他需要时间考虑。

在说服未来雇主接受这种决策方式之后，不妨立刻开始帮助对方列出雇用你的所有理由。在这些理由旁边，写出你能为对方提供的帮助。这时你要想尽一切办法填充"支持"一栏的内容。当你列出了所有应当"继续"的理由之后，再列出应当"停止"的理由，然后就交给对方作决定。就这样，当"支持"一栏的长度超过"停止"一栏的长度时，你就赢得雇主的赞同了。

10．"愚蠢的错误"策略

如果未来雇主在作决定的时候犹豫不决，你可能会想要爬到办公桌上，告诉对方他们正在犯一个非常愚蠢的错误。当然，你绝对不能这样做，因为这会让雇主变成你的仇人。这时使用"愚蠢的错误"策略，你就可以委婉地让对方知道自己犯了一个多么愚蠢的错误。要想做到这一点，你只需要给对方讲个故事，告诉对方其他人在遇到同样情况时犯了一个怎样的错误。

在经营一家房地产公司的时候，客户叫嚷着说房子的月供太高。这时我就会教我们的房产代理给对方讲个故事：

> 你知道我怎么想吗？我想，要是我们公司的总裁罗杰·道森在这里就好了。他在他出版的录音带上讲过自己购买的第一处房产的故事。就在去银行签署贷款文件时，他发现自己要在未来30年里每月支付67美元。想明白这件事情的分量时，他突然变得手脚冰凉。银行的信贷负责人意识到了问题的严重性，对他也表示非常同情，破例对他说道，'你现在只好签字了。文件都准备好了'。几年之后，这房子的价值翻倍了。如果罗杰在这里，他就会告诉你：'干脆眼睛一闭，签字算了。'虽然现在这笔钱听起来像是一笔巨款，但相信5年之后，这笔钱就不算什么了。到时你就会发现这可能是你作出的最聪明的决定。

我还记得我在儿子约翰小时候为他买自行车的情形。在当时的加利福尼亚，戴头盔骑自行车还没有成为法律。从商店选好自行车之后，店主为我们挑选了一个昂贵的头盔，告诉我："你还会需要这个的。"我当然非常关心儿子的安全,但我小时候一直都在骑自行车,我们家三个孩子从来没有戴过头盔,所以我觉得这似乎是一笔毫无必要的开销。店主说道:"哦,要是琼斯先生在这儿就好了。他就住在天线大道,上个月他刚刚为儿子鲍比买了一辆自行车。他当时也不想买头盔。可第二天,就在鲍比沿着教会山大道骑车时,一下子就撞上了一辆上山的汽车。结果受了重伤,终生残疾。必须承认,我当时并没有坚持让他买头盔。要是琼斯先生在这儿就好了,因为他会告诉你这头盔有多重要。"猜猜谁会一把从她手里抢走头盔,立刻套在我儿子的脑袋上?

当你想要给对方施压,但又不想引起任何对抗的时候,"愚蠢的错误"就是一个很好的策略。比如说你在申请一份需要你迁居的工作,而雇主又不想付给你搬迁费的时候,不妨直接告诉对方:"我知道你的想法,这是一笔不小的投资,你可能担心我不会在公司待很长时间。这样吧,如果我在公司工作不到一年,我愿意还给你所有的搬迁费,我们可以签订书面协议。但如果你认为我是这份工作的理想人选,请千万不要为了一笔搬迁费而放弃我。我至今还记得我的前任雇主也曾担心过同样的问题。他就是因为不愿意支付搬迁费而放弃了我们公司最顶级的销售天才。要是他在这里就好了,因为他会告诉你那是他犯过的最大的错误。"

11. "最后的反对"策略

培训销售人员时,有时我会请前排的一位学员站起身来,与我手心相对。然后我开始用力推他的手。毫无疑问,他会反推回来。人就是这样:如果你过于用力推对方,对方也会用力反击。"最后的反对"策略可以帮助你消除这种反推力。

要想使用"最后的反对"策略,你首先必须假装成被打败的样子,好像你已经放弃说服对方雇用你了。"好吧,"你可以说,"我想,你不会雇用我了,但你能告诉我为什么这样决定吗?我到底哪里做错了呢?"

"你并没有做错任何事情,"对方会告诉你,"你面试表现得很好。"

"那一定是我的推荐人出了问题,或是我没有相关工作经历。"

"不,都不是。只是你的薪酬要求比我们当前所能够承受的高了一些。"

"哦,听你这么说,我感觉好了一些,"你说道,"这么说,你不录用我的唯一原因就是因为我的薪酬要求太高?"

一旦把问题细化,你只需要解决一个问题,就可以说服对方雇用你了。要想做到这一点,你必须经过以下4个步骤:

◆ 表现得像被打败了一样;
◆ 释放压力;
◆ 让对方把问题集中到一点;
◆ 解决对方所提出的问题。

可能有时你需要做出一些小小的让步:"不如我们来各让一步吧。我可以先把我的薪酬要求减少5 000美金,你不妨在90天后再考虑我的薪酬要求。这样公平吧?"

12. 宠物狗策略

你们一定听宠物店主讲过怎样卖给小孩子宠物狗的故事吧。当孩子说他无法决定时,雇主就会建议他先把小狗带回家过个周末:"如果不喜欢，你可以在星期一把它送回来。"他可以肯定，等到星期一，那孩子就会爱上小狗，说什么也不会把它送回来的。

20世纪50年代，我的第一份工作是在一家电器销售店做推销员，当时我用宠物狗策略卖掉了成千上万台电视机。当时，对于大多数人来说，电视机都是新鲜玩意儿，你可能是整个社区唯一拥有电视机的人，你的邻居们甚至会盼望着你能邀请他们去看电视。所以每当发现一位暂时无法作决定的未来客户时，我们就会建议他先把电视机带回家试试。我知道，只要邻居们一看到有人房顶上架起了天线，他们就会问能否去那人家里看电视。而当邻居们来看了一晚上的电视之后，他又怎么忍心把电视机退回来呢？

在我经营的房地产公司里，我鼓励销售人员随身带一架可以立刻成相的照相机。只要客户提出了报价，销售人员就在房子面前为客人照张相片——因为客人一定会把这相片拿给自己的亲朋好友们看。假如房主无法接受客户的报价，客户很可能会愿意提高报价。谁会想要告诉朋友们自己买不起那栋自己喜欢的房子呢？

薪酬谈判时，宠物狗策略往往很难运用，因为这可能意味着你要免费为新雇主工作一段时间，但这样做很可能是值得的。我的好朋友萨德·贝佐斯基曾经和我说过他年轻时从蒙特利尔移居洛杉矶的经历。当时正处于经济萧条期，他是一名印刷工人，在印刷行业根本找不到工作。当时印刷工人工会里至少有70名熟练印刷工人根本找不到工作。于是萨德找到了一家没有工会的印刷公司，告诉对方："我需要工作。我可以免费为你们工作一段时间，如果你喜欢，可以付给我钱，不付也没关系。"对方对萨德的这一表现感到吃惊，决定给他一次机会。很快，萨德就让公司的印刷速度提高了一倍，而印刷厂雇主愿意付给萨德更多的薪水。

当其他方法都不奏效的时候，不妨尝试一下宠物狗策略："我可

以免费为你工作一星期，不会收你一分钱。只要给我一个机会展示一下自己就可以了。"

事实上，很少有雇主会接受这样的请求，但这招的确会让对方感受到你的诚意。

13. 小决定引导策略

在销售过程中，小决定会引出大决定。如果你能和客户在一些小的问题上达成共识，你就可以理清对方的思路，这样当你准备让对方作出大决定时，他们就不会感觉有很大压力。

比如说汽车销售员会问客户：

"如果决定要买的话，你是想要真皮坐垫还是人造革坐垫？"
"你想要手动挡还是自动挡？"
"你想要白色还是红色？"

房地产销售人员会问：

"如果选择这栋房子，你将会选择哪个卧室作婴儿房？"
"你将如何布置起居室里的家具？"

在进行薪酬谈判的时候，你可以问对方：

"如果我们在这个问题上达成共识，可以给我2个星期时间准备离职吗？"
"我现在就可以享受员工折扣吗？"

"我该如何宣布我即将加入贵公司呢?"

"如果你同意支付我搬迁费用,你是预先支付现金还是让我事后报销呢?"

14. 积极假设策略

假设对方会雇用你这一点非常重要。让我感到吃惊的是,居然有很多人会做出消极的假设。当对方真的发出录用通知的时候,他们甚至会大吃一惊!如果你走进一家餐厅,服务生走上前来,问你是否想点菜时,她的做法会让你感到迷惑吗?她知道你为什么来到这里,而且假设你会点菜。你在面对自己的未来雇主时,一定要假设对方会雇用你。

在那些压力比较大的面试中,许多求职者都担心对方不会雇用自己,所以他们会强烈地要求对方雇用自己。当你假设对方会雇用你的时候,就根本不需要对未来雇主施加任何压力。只有那些相信"除非自己施压,否则对方根本不会雇用我"的求职者才会对自己的未来雇主施压。

所以一定要让对话向着积极的方向发展。比如说你可以告诉对方:"我想我们会配合得很好,对吧?"而不是说,"你觉得我适合这工作吗?"

一定要做出积极的假设——假设对方一定会雇用你,假设对方立刻就想发出录用通知,假设所有的事情都会进展顺利。

15. 反问策略

根据这一策略,当客户向你提出问题时,你通常应该同样用一个

问题来回应对方。许多年前，我从一位律师那里购买了一台二手复印机。我问他："200美元可以吗？"他说道："你是说200美元吗？"一听到这句话，我就暗想："他真是太聪明了。"如果他告诉我自己可以接受200美元的价格，我可能就会再犹豫一下，然后报出更低的价格。

当人力资源主管看起来像是准备要作出录用决定，并对你提出的问题进行确认的时候，不妨用问题回答对方。比如说当对方问你："你愿意接受底薪加奖金的方式吗？"你最好回答："你准备提供我底薪加提成吗？"

16. 备选策略

当你要求人们在两种方案之间做出选择时，他们通常会选择一个。只有在极特殊的情况下，他们才会告诉你二者当中没有合适的。

坦白说，每次使用这一策略的时候，我都会为它的效果大吃一惊。在客户作出购买决定之前，我会告诉对方："如果决定购买的话，你是会使用美国运通卡还是万事达卡呢？"他们几乎总是会选择其中的一种。然后我就会说："你需要我为你填写表格吗，还是你更喜欢自己填？"只要快速提问几个选择性问题，我就可以结束这笔交易。有趣的是，即便对方非常清楚你的动机，他们还是会从你提供的选择中挑选一个。

这个策略在日常生活中相当普及，甚至小孩子们都会使用它。"爸爸，你是今天晚上带我去音像店还是明天晚上呢？"当你的小孙子跑进冰淇淋店时，他会说，"爷爷，我们今天是来双层冰淇淋还是三层的呢？"

在安排约见时，你也可以考虑使用备选策略。假设客户想要见你，这时你可以问："你觉得是星期一还是星期二更好些呢？""你觉得什么时间更合适，10点还是11点？"

但一定要记得把选择范围缩小到两个。如果摆在对方面前有三个方案，你一定要想办法删除其中一个。比如说在推销汽车时，你可以告诉对方："我想第一辆对你来说可能太小了，那么在红色和白色的车子当中，你比较喜欢哪一辆呢？"如果你是在推销房产，带领客户参观完所有三处房产之后，你可以告诉对方："我想你可能不喜欢第一套房子的主卧，那么我们还是从其他两套当中挑选吧，你觉得哪套比较合适？"

你可以经常使用备选策略。比如说你可以告诉未来雇主："在你现有的两份空缺当中，你觉得我更适合哪个呢？"

17. 门把手策略

和使用"最后的反对"策略一样，在使用门把手策略时，你需要先消除对方在作出购买决定前所感到的压力。

当你用尽各种办法，对方却仍然不发出录用通知的时候，不妨合上公文包，告诉对方："虽然你决定不录用我，但与你交流仍然是一件愉快的事情。我可以理解你的感受，说不定我们以后还有机会见面的。"这时你起身装做要离开，可就在手碰到门把手时，你若有所思地停下脚步，然后转过身问对方："能帮我个忙吗？每次求职失败时，我总是希望能从对方那里学到些东西。你能告诉我我到底哪里做得不对吗？这可以帮助我以后做得更好。"

只要对方感觉你并不是在继续恳请他聘用你，他们就会告诉你不录用的原因。比如他们可能会说："你的提议太强硬，太急于求成了。这让我感到很大压力。"他们也可能会说："我们非常喜欢你，但我们无法支付和你的上份工作相等的薪酬，但我们也不想降低你的薪酬，

那样对你无疑是一种侮辱。"

这时你就可以采用文森·隆巴蒂的"再次努力"策略，温和地向对方表示感谢，然后把话题再次转回到你的经历上。记住，在使用门把手策略时，一定要让对方相信你已经放弃继续恳请对方录用你了。你一定要让对方相信，你只是在征求建议，以便下次面试时能做得更好而已。

18. 各个击破策略

同时面对两位客户时，你可能不得不考虑使用各个击破的策略。我注意到，在果断性这个问题上，人们也表现出了"异性相吸"的倾向。

一个不是那么果断的人总是会嫁一个更加果断的人。一位温和随意的商人总是会有一个比较强硬的生意伙伴。他们可以组成一支出色的团队。那些果断的人总是很欣赏温和派人士的作风。而温和派则比较仰慕果断派的纪律性和坚定性。

一个比较果断的人在作决定时往往很快。他们只要一看你的求职信，就能立刻决定到底是接受还是拒绝。而不果断的人则会犹豫不决，迟疑再三，直到手足无措。

遇到这种情况时，不妨考虑使用各个击破的策略。把果断派人士拉到一旁，告诉他："琼斯先生，我真的非常欣赏你的人力资源主管罗伊所做的分析。我要是有那么仔细的头脑就好了。可我担心的是，琼斯先生，如果你不马上作出决定，我们很可能失去一起共事的机会。你知道我是适合这份工作的，对吧？"这时他就会走向还在盘算的罗伊先生，说道："罗伊，看在上帝的份儿上，算了吧。这是一次很好的机会，我们要把握住。"十有八九，罗伊先生就会说："如果你想要这么做，我想我没问题。"

同样地，在生意场上，你也要把那位果断派拉到一旁，告诉他："鲍勃，我觉得你才是真正能作决定的人。你知道我会干得很出色。还是让我们尽快作出决定吧。"在多数情况下，他很可能会告诉你："别担心。我已经拿定主意了。只是在对付哈里的时候，我还是要稍微委婉一些。"

所以每当面对两个人，其中的一位比另一位更加果断时，不妨使用各个击破的策略。想办法把他们分开，然后先让那位更加果断的客户作出决定。

19."让他们去想"策略

对于有些人，你很容易就可以判断他们是否在思考。这些人会抽出便签纸，在上面写上各种数字和选择方案，或者干脆掏出一个计算器，快速地在上面按数字。而对于另外一些人，你就很难判断他们是否在思考，因为他们喜欢悄无声息地在大脑中进行判断。对于销售人员来说，对付后者就比较麻烦，因为销售人员不可能静静地站在那里。他们觉得这样很可能会让客户失去兴趣，所以需要用谈话来刺激客户进行交易。但事实上，有时你必须给对方时间来思考。

记得有一段时间，我在房地产行业大量投资。经常会有经纪人带我去看公寓楼，并试图向我推销。在回来的路上，我需要时间来仔细思考。装修需要多少钱？租金可以提高到多少？我怎样才能找到足够的现金流来支付分期付款？物业管理怎么办？我喜欢自己思考，然后用计算器计算。可在经纪人看来，我似乎对房子丝毫不感兴趣。这时他们就会拼命地向我提供更多信息，以便激发我的购买欲望。完全相差十万八千里！我只是需要一些时间安静地思考而已。

如果你的未来雇主似乎正在思考，不妨假设对方正在思考他们准

备为你提供多少薪酬，这个时候，你最好保持安静，给他们留出充分的思考时间。

20. 钞票策略

如果你喜欢戏剧艺术的话，你可能会喜欢这一策略。当你的未来雇主因为希望聘请更优秀的雇员而拒绝向你发出录用通知时，你可以使用钞票策略。

从口袋里掏出一张20美元钞票，把它扔到地板上，用脚尖踩住，然后告诉对方："我来问你一个问题。如果你碰巧路过，看到地上有张20美元的钞票，你会把它捡起来吗？当然，你会的。这是一个摆在你面前的机会，我就好像这个机会。你不会因为前面还有一张50美元的钞票就放弃这20美元吧？如果放弃我，你就是在犯同样的错误。"

钞票策略看上去并不理性，但钞票掉在地板上时所产生的视觉冲击力会让你的未来雇主立刻产生雇用你的冲动。

21. "突然想起"策略

我是年轻时在英格兰销售电视机时学会这一策略的。虽然我们当时并没有接受太多销售培训，但我还是很快发现，直接告诉客户你所知道的一切并不是个好主意。你一定要给自己留出一些空间，这样当你感觉无法说服对方时，你就可以假装"突然想起"一些东西。

比如我向客户展示一台电视机，他们表示感兴趣，但却告诉我，在最终作出决定之前，他们想要再去其他商店看看。我祝他们好运，然后，就在他们走向门口时，我突然叫道："请稍等一下。我刚刚想起来了，我还没有给你们演示一个非常重要的功能。你知道这电视机外壳上的木头是完全防火的吗？就算是在上面摁烟头，它也不会损伤分毫的。来，我来演示一下。"然后我会把他们重新带回电视机前，演示这项功能，然后再重新进行销售演示，直到最后成交。

再比如说在销售汽车时，千万不要告诉对方车子有让你在打开驾驶座车门的同时关闭其他车门的特殊功能锁。然后你可以突然告诉对方："哦，差点忘了，我刚刚想起来，还有一项相当重要的功能没有告诉你。我今天晚上来给你展示一下吧。你觉得7点还是8点比较合适？"毫无疑问，你会听到客户的抱怨，但其实没有一位客户真的是在抱怨。他们可能在想："今天要是买走那辆车子就好了。"他们仍然想从你这里购买，但由于一下子花那么多钱会让他们有一种负罪感，所以他们并不愿意主动给你打电话。但如果你能拨通他们的电话，再给他们一次机会，成功的可能就变得很大了。

当你向自己的未来雇主介绍自己的时候，千万不要告诉对方雇用你到底都有哪些好处。一定要留出一些空间，以便使用"突然想起"策略。比如说你可以给对方打电话，告诉他："我简直不敢相信我今天居然忘记告诉你一件事情，我还考取了专业设计师证书。如果你需要这方面的帮助，我想我还是能胜任的。你看我明天是否再去拜访你一下，一起谈谈我工作的事情？"

22. 赢得控制权策略

有些人力资源主管感觉作决定是一件非常困难的事情。对于这些人来说，作决定的过程是如此痛苦。因而，除非有人督促，否则他们不愿意轻易作出任何决定。从交易的角度来说，这些人属于典型的"儿童型"人格。加拿大心理学家艾瑞克·伯恩（Eric Berne）借鉴了弗洛伊德的超我（super ego）、本我（id）、自我（ego）的理论，将其

简化成父母、孩子和成人理论。超我（父母）总是在压制着其他两个方面的发展，而本我（儿童）倾向于不假思索地采取行动，自我（成人）则倾向于以一种更加理性的方式运作。

你可能会觉得向冲动型的人进行推销是最容易的。毕竟，对于这些人来说，只要感觉舒服，他们就会购买。但多年的实践证明，事实并非如此。虽然他们很想要你的产品或服务，但他们还是无法决定，因为多年的经历告诉他们：这样做可能是不对的。换句话说，他们开始打退堂鼓了。

这时你需要督促这些人购买。

你需要坚定地告诉他们："除非你给我录用通知，否则我是不会离开这里的。所有迹象都表明，我的确是你最佳的选择。如果没有得到你的许可就离开这里，我良心上会过意不去的，所以我想还是由我来为你做出决定吧。我知道你已经认定我是这份工作的最佳人选了，不妨直接告诉我，'你被雇用了'吧。"

当然，只有在成功说服了对方之后，你才能这么做。在此之前你需要让对方相信拒绝你是一个错误，这时你的督促才可能成为让对方立刻决定的唯一理由。

23. 道森策略

你可以把道森策略看成是最后一招。如果所有其他方法均告失败，我希望你使用这一策略。这时你可以看看自己的手表，告诉自己："我发誓，继续努力一个小时，我是不会让这些客户走开的。"无论需要付出什么代价，即便是一个小时之内都再不提及你的任何产品或服务。

用5分钟再点一杯咖啡。假装咖啡太热，没法喝，这样你可以再拖上 10 分钟。杯子已经空了么？没关系，让服务员再煮一杯。现在半个小时已经过去了。不管付出什么代价，都要拖上一个小时。

正像优势谈判高手们所知道的那样，时间拖得越长，对方就越可能改变主意。当对方向你说"不"的时候，并不意味着他们在 30 分钟之后不会说"可能"，一个小时之后不会说"可以"。

所以，当所有其他策略都失效之后，不妨考虑使用道森策略。

第二部分

薪酬谈判

森瞑映

第11章 怎样争取更好的待遇
Secrets of Power Salary Negotiating

接下来,我将教会你很多有用的谈判技巧,希望可以帮助你从雇主那里争取到最好的待遇。

你之所以会买这本书，可能是出于以下 3 个原因：

◆ 你想要向现在的雇主申请加薪；
◆ 你准备升职，所以在考虑如何与雇主讨论你的薪酬标准；
◆ 你正在申请一份新工作，想要为自己争取到最好的待遇。

接下来，我将教会你很多有用的谈判技巧，希望可以帮助你从雇主那里争取到最好的待遇。首先让我们来了解一下你和雇主之间的关系。对于雇主来说，你到底有多大价值？你要怎样做才能为自己争取到最好的待遇？

1. BATNA 法则

请记住，任何谈判的头号法则：**你的优势的大小取决于你和对方各自拥有多少备选方案。**人们一般称之为 BATNA（Best Alternative to a Negotiated Agreement）法则。在任何谈判当中，都是拥有更多备选方案的一方占据优势，下面我们不妨用这一原则来分析一下你与雇主之间的关系。

2. 无可替代才是价值所在

从我 16 岁开办自己的第一家公司开始,我这一生大部分时间都在使用这一原则。多年以来,这一原则始终有效,无一例外。无论是我在一家大型百货商店担任人事部门主管,每天负责公司的招聘事务的时候,还是我在南加州一家有着 28 家分公司,540 名销售人员,总部拥有 50 位员工的大型房地产公司担任总裁的时候,这一原则都同样适用。直到今天也不例外。

你是否想过那些在高速公路或大桥上负责收费的人员在想些什么?他们难道没有意识到,只要公司换上机器传感器,就可以完全取代自己的工作吗?

还有那些在五金超市或杂货店工作的收银员呢?他们难道不知道自己随时能被一台自助收银台取代吗?而且即便他们离开,顾客也不会怀念他们。

要想体会这种服务方式,我建议你去拉斯维加斯的任何一家大型赌场去看一看。你根本不需要和任何人交谈。你只要直接走到屏幕前面,插入自己的信用卡,确认自己的身份就可以了。显示屏将给你分配好具体的房间,并询问你需要多少筹码。不仅如此,它还会告诉你该如何取出空白表格,将其塞进机器,兑换筹码。如今在许多中等水平的酒店里也都会采用这种自助服务。甚至在像威尼斯人大酒店这样的豪华场所,你都可以采用这种方式进行自助服务。据说有很多客人都更愿意采用这种方式,而不再像以前那样在柜台前面排队。

那么你该怎样把这一原则应用到你的薪酬谈判中,帮助自己提高自身对雇主的价值,从而在谈判中占据优势地位呢?答案我将随后奉上。

113

3. 你要做到无与伦比

只要你能将自己工作中的某一个环节做到无与伦比，就可以大大增加你与雇主谈判的筹码。举个例子，你可以成为：

◆ 整个急诊室里技术最娴熟的医生，无论面对多大的压力，都不会手忙脚乱；

◆ 整个警局里最稳重的警察，不管疑犯多么冲动，你都能让对方平静下来；

◆ 整个学校里最有技巧的数学老师，不管学生多么不爱学习，你都能让他们喜欢上你教的数学课；

◆ 整个公司里最有洞察力的商务经理，无论外部世界如何变化，你总是能最早发现新的潮流；

◆ 整个公司里最有耐心的接待员，不管客户如何抱怨，你总能应付自如。

只要能做到这一点，当公司执行委员会开始讨论是否提拔你的时候，他们就会说："他并非十全十美，但在某方面，整个公司没有人能比他做得更好。我不知道到哪儿能找到可以替代他的人。"

记住，**在进行谈判的过程中，你的优势直接取决于你和雇主各自手中的备选方案数量。**你只要在某一个环节上做到不可替代，便可减少你的雇主的备选方案数量。

从另一方面来说，你也希望能够扩大自己在谈判时的优势。具体的做法就是增加自己的备选方案数量。

让我感到大为吃惊的是，很多人在与雇主进行谈判之前都没有想过这样一个问题："如果雇主对我的加薪请求表示拒绝，我该怎么办？"其实你只要多想一下，问问自己："如果我离开这家公司，雇主会有哪些损失？""我还有其他哪些选择？"

或者，你不妨将自己的所有备选方案列个清单。这样你就能十分清楚自己在与雇主的谈判中拥有的真正优势。

当然，这并不是说让你气势汹汹地跑到雇主办公室，告诉对方："赶快答应我的条件，否则我就不伺候了。"但当你手头有更多选择，你就可以告诉自己："我希望他们能够为我提供更好的待遇，否则的话，我还有其他选择，看起来也都不错。"这时你在谈判的时候就会有更多筹码。

如果你想在进行薪酬谈判的时候拥有更多的优势，不妨事先给自己找到一个更好的备选方案。这样在与雇主谈判的时候，你就可以告诉自己："我之所以继续留在这家公司，纯粹是出于忠诚，但我还是更希望他们能拒绝我的要求，这样我就可以问心无愧地开创自己的事业（或者是加入和平组织，或者是成为一名职业高尔夫运动员）了。"

在进行薪酬谈判的时候，你的优势与你和你的对手各自所拥有的备选方案数量直接相关。当然，我并不是在教你该如何去威胁自己的雇主。但要想确定谈判中哪一方会更有优势，你不妨抽出一张白纸，在上面画条竖线。在竖线的左边，写下你所拥有的选择，问问自己："如果他们不答应我的条件，我该怎么办？到底还有几家公司能够给我同样的、甚至是更好的薪酬待遇？"

在竖线的另一边，列出你的雇主所拥有的选择。试问一下，如果你辞职不干了，对方能找到多少人取代你？通过这种方式，你就可以很清楚地判断自己在谈判中占据怎样的位置。

4. 随时离场的姿态

在进行任何谈判时，随时离场可以被看成是一号压力点。

洛杉矶道奇队的一位投球手曾经接到过一份价值400万美金的3年期合约。他要求对方把价格提高到800万美元，最终双方以790万美元成交。这也就相当于每投一个球，他就可以赚到500美元。

他到底是怎么做到的呢？他只是让对方意识到，他完全可以随时放弃这份合约，毫不迟疑地走人。他并没有去与球队的管理层大发雷霆："听着，要是不答应我的要求，我就离开这支球队！"很多人在谈判的时候都会用这种方式威胁对方，但这通常只会导致双方的对抗，而且会带来很多不必要的问题。这位投球手的做法非常巧妙，他只是告诉一群记者："嗯，我明年也许不会继续留在道奇队了。我的合约即将到期，如今日本人为我提供了一份不错的协议。说不定我会考虑去日本发展一段时间。"事实上，他根本不打算去日本发展，他也没想过要离开道奇队，想想看，这位投球手多么聪明啊！他其实是在告诉道奇队的管理层："不给我要求的薪酬也没关系，我已经有了更好的选择！"

需要提醒的是，在与公司展开谈判之前，如果你处于一个相对弱势的位置，千万不要尝试这种方法。即便你处于强势的位置，也不妨先在办公室里散布一些消息，这样可以让你用一种更加微妙的方式占据有利的位置。你可以请办公室里最爱八卦的人共进午餐，偷偷地告诉她一些小秘密："你能为我保密吗？"你之所以突然请她吃饭，唯一的原因就是你非常清楚，你面前的这个人根本不可能为你保密。可即便如此，她还是会告诉你："没问题，我当然会为你保密，你了解我。"然后她就会聚精会神地等你告诉她你的秘密："千万不要和任何人提到这件事。我可能过不了多久就要离开这里了。我们公司的竞争对手给我提供了一份不错的工作，我正在考虑是否接受。"如果你找的午餐对象没错的话，第二天一大早整个办公室都会知道你的"秘密"，到下午，你的雇主就会找你谈话，向你保证你在公司会有更加美好的未来。

好了，到目前为止，我已经讲述了如何在薪酬谈判中占据优势的3种方法——

◆ 意识到这样一个事实：谈判中双方的优势大小取决于各自所拥有的备选方案数量；
◆ 你在谈判中的优势取决于你能否让自己的雇主相信，你手头有很多备选方案。而且只要你在工作的某一个环节上做到不可替代，你就可以大大减少你的雇主所拥有的备选方案数量；
◆ 意识到最重要的压力点是：哪一方可以随时结束谈判，放弃现有的待遇或人选？

5. 回报的魔力

如果想要让公司付给你更多的薪水，建议你不妨先让公司意识到你将为公司带来更大的价值。以前只要员工结婚或生子，雇主就会主动为员工加薪，如今这样的时代早已成为历史。今天的雇主们都在努力求生，甚至要和来自其他国家的对手短兵相接，这使他们压力大增，从而变得异常谨慎。如今他们再也不会因为你需要更多的钱就为你加薪了。

在谈判过程中，如果你能够给对方一些选择让其权衡，结果将会

超出你的想象。孩子们仅靠本能就知道如何使用这一策略。比如说你6岁的孩子可能会对你说："妈妈，我帮你把电脑修好了。你晚上想去看电影吗？"你10岁的孩子可能会告诉你："我帮你洗完车了，爸爸。我们晚上能去吃必胜客吗？"孩子们知道，当自己帮别人完成了某件事情之后，对方通常会帮助自己达成一个心愿，以此作为回报。

如今有很多工会都会采取这种手段——当雇主们没有对工人们的努力给予一定回报时，工人们就会给对方制造很多麻烦。比如说美国食品和商业工人工会就曾经在南加州发起过一次罢工。但雇主们告诉工会工人，实际上现在他们每小时的工作已经不值15美元了，而且公司也无法承受为每个人负担昂贵的医疗保健费用。他们可以用机器来取代这些工会工人，它们不仅可以全天候作业，而且不需要任何的医疗保健费用。

几个月后，当罢工事件事过境迁，雇主们用机器取代了几千名工人，侥幸保留工作的工人们也没有得到加薪，就连原本的医疗保健费用都大大降低了。事后想想，如果当初工会懂得先为雇主做些奉献，再向雇主提出类似的要求，情况会变得容易很多。如果工会告诉雇主们："我们可以为你提供世界上最积极、最训练有素的工人，你根本不用担心如何招聘、培训、激励或者管理这些工人，我们可以帮你完成所有这些工作。"一旦雇主们接受你的建议，你就可以提出自己的要求，这时他们就会很容易答应你，甚至还会给你加薪。

在提出加薪要求之前，建议你为自己的雇主制订一份你明年的工作计划，告诉他你会有哪些进步。要让你的雇主相信，只要给你增加薪水，你就可以为公司带来巨大的变化，不仅给公司带来更多利润，而且还可以让公司更上一层楼。只要能够做到这一点，你就可以开口为自己争取更高的薪水。

如果情况允许，不妨建议你的雇主为你采用提成的方式。雇主们通常不喜欢这种方式，但这是非常不错的谈判策略。记得在优势谈判研究机构，当学员们感觉我们的收费太高时，我们就是用这种方式来与他们进行谈判的。"首先，"我们告诉对方，"谈判培训并不是一种毫无意义的支出，它实际上是一种投资；其次，我们完全可以免费为大家进行培训，但前提是，一旦大家在接受完我们的培训之后收入有所增加，我们希望能够得到一定百分比的提成。"刚开始的时候，很多公司的总裁都觉得这是一个不错的建议，但他们很快就开始想："如果是这样的话，我们最终可能会付出一大笔钱，这实在是太可怕了。"事实上，我们所做的就是通过实际行动让对方相信，接受谈判培训实际上只是一种投资。通常情况下，一旦我们提出这种要求，对方就会立刻接受我们的报价。

要点回放

◆ 千万不要试图操纵你的雇主给你增加薪水。要让他意识到这样做对他本人有好处，然后他就会很乐意给你加薪；

◆ 主动提出分享对方所增加的收益。雇主们都不喜欢你这样做，但你的这一提议会让雇主们更加坚信你所提供的服务的价值。

6. 什么会让你感到畏惧

实话实说，没有人喜欢坐下来与自己的雇主讨论加薪的问题。这是一件令人相当紧张的事情。它之所以令人紧张，就是因为在双方谈判过程中，会牵涉到很多个人的因素。其中有4个因素最为明显：

头衔力

第1个会让人紧张的因素是头衔力。毕竟，你是在与一个职位比自己高的人谈话，对于很多人来说，这会令人丧失勇气。而且现在人们对头衔仍然相当看重。很多人在与公司负责人力资源的副总裁讨论加薪问题的时候，总是会感觉心神不宁。

要想平静自己的心情，最有效的办法就是告诉自己，这些头衔其实可能一文不值。我的女儿茱莉亚从南加州大学获得金融学学位之后，进入添惠公司贝弗利山分公司担任金融顾问。没过多久，她便开始谈起自己打算做添惠公司的副总裁。我告诉她："茱莉亚，在为自己设定人生目标的时候，你一定要现实。这可是一家大公司，你可能要用上很多年时间才能坐上副总裁的位子。"她回答道："哦不，我要在年底之前成为副总裁。"

我问她："添惠有多少位副总裁？"

她告诉我："我不知道，至少有成千上万个。我们这一家分公司就有35位。"

所以，在与对方讨论加薪问题的时候，千万不要被对方一个花哨的头衔吓倒，因为那头衔可能根本没有任何实质性意义。

奖赏力

第2个令人恐惧的要素是奖赏力。因为人力资源主管们都有权力决定是否给你加薪，所以他们会让你感到你在他们面前是非常渺小的。

遇到这种情况的时候，千万不要过于关心你会增加多少薪水。这时你心里只要想一件事就行了：外面还有几十家公司愿意付给你更高的薪水。如果你准备贡献出自己所有的才能来帮助公司解决问题，你就是在用自己的力量奖赏公司，而不是公司在奖赏你。

如果你的工作极其出色，你的公司根本不知道该找谁取代你，所以他们只能接受你的加薪请求。

强制力

强制力就是惩罚你的力量。如果他们对你的加薪请求感到愤怒，你该怎么办？如果他们因为你对公司缺乏忠诚而感到不安，你又该怎么办？

很多年前，当我还在南加州一家大型房地产公司担任总裁的时候，这家公司的雇主布鲁斯·穆尔赫恩曾经反复要求我向他表示忠诚。我的确做到了这一点。可问题是，我们的生物钟不同。他总是6点钟开始工作，晚上9点上床睡觉。而我更愿意晚上加班到深夜，所以我没有必要一定强迫自己第二天早晨6点钟起床。

一天早晨，我大概9点之后走进自己的办公室，发现他正在那里等我，我能感觉他非常愤怒，脑门儿都冒出了青筋。

"你知道，罗杰，我根本不觉得你对我有任何忠诚可言。"

对于一天的工作来说，这可不是一个好的开始。"我当然对你非常忠诚，"我再次向他保证，"为什么感觉我不够忠诚，如果你愿意，我可以换上制服来工作。"

"我不需要你穿制服，"他冲我吼道，"我只是希望你每天早晨能和我一起开始工作。"

我沉默了半晌，最后说道："我的确更在乎服装。"

他突然大笑起来，我们一起去喝了杯咖啡，从那以后，他再也没有质问过我的作息习惯。

我希望当你在与雇主讨论加薪的时候，也能不用顾忌雇主是否担心你的忠诚度，只要能想明白这一点，你就可以克服自己内心的焦虑。

信息力

在很多情况下，你可能会担心你的雇主已经拥有了很多你根本不知道的信息。公司在扩张的时候是否喜欢通过内部提拔的方式来选拔人才？公司是否由于经济困境而考虑裁员，如今正在想办法裁掉你呢？当信息处于不流通状态的时候，人们总是会感到焦虑和紧张。

很多公司都会用这种方式来控制自己的员工。他们会将信息严格保密在管理层成员当中，不是因为这些信息非常重要，而是为了要对员工形成威慑力。

别管这些毫无意义的东西了，还是鼓起勇气，从雇主那里讨个公道吧。

7. 选择谈判的对手

在申请加薪的时候，千万不要与那些只能对你说"不"的人谈判。这是谈判的基本原则。设想一下，与一位普通店员讨论加薪的问题根本毫无意义，因为他根本没权力给你加薪。如果你是在申请贷款，千万不要与那些只能对你说"不"的银行职员申请。在与你的雇主谈论加薪问题的时候，这个原则同样适用。当然，在讨论加薪的时候，记得要经过正常的渠道。如果你的雇主是分公司经理，你却绕过他，直接向运营副总裁申请就显然是犯了大忌。但与此同时，一定要弄清公司的情况。如果在你向分公司经理申请之后，分公司经理仍然要得到公司副总裁批准的话，那可能就是因为分公司经理的预算非常有限。他也面临着很大压力，需要尽力压缩公司运营成本，所以如果他能够不用加薪仍继续留住你的话，他很可能会想尽办法这样做。这时你就会陷入一种非常尴尬的境地，就必须对他施加压力，让他把你的申请提交给自己的上级了。

要想在这种情况下给他施加压力，通常的做法就是通过某种方式提出辞职的威胁，这就会导致对抗。这会让双方都觉得不舒服，而且会让你在与分公司经理的谈判中处于劣势。所以在与雇主讨论之前，你首先必须想清楚："我要商谈的这个人是否能够立即作决定，还是他需要先向自己的上级请示一下？"如果对方根本没有权力给你加薪，这时你有3个选择——

选择1：直接越级，向你雇主的上级直接发出申请。在大多数公司里，这样做都会对你不利。所以你不妨尝试先与自己的直接雇主打交道，等到被拒绝或者你甘愿辞职的时候，再直接越级向上级的雇主发出申请。但在刚开始的时候，我建议你不妨先排除这一选择。

选择2：要求与你的雇主以及他的上级一起坐下来讨论你的加薪要求。是否要这样做在很大程度上取决于你直接雇主的个性。如果他的个性不是很强，他很可能会欣赏你的勇气，愿意陪你一起向自己的上级请示。但如果他个性很强的话，他就可能会感觉自己的权威受到了挑战，于是就会坚决拒绝你的这一要求。所以我建议你在做出这一选择之前，不妨先仔细分析一下雇主的性格，如果你并不确定他会如何看待这件事情，不妨直接向他提出你的想法。比如说你可以告诉对方："你觉得该如何处理这件事情？""你想自己去见上级领导，还是想让我和你一起去？"

选择3：先争取直接雇主的支持，让他和你一起想办法为你争取到更高的薪水。对我来说，第3个选择通常是最好的。要想做到这一点，一定要先熟悉我在第13章第6节将要谈到的"更

高权威策略"。这一策略有两个重要的招数。第一招是当你的雇主告诉你他必须先征求自己上级的意见时，你应该设法诉诸对方的自我意识。比如说你可以直接告诉对方："但他总是会很重视你的建议，对吧？"如果你的雇主是一个很自我的人，他绝对不会否认这一点。他会说："是的，你说得没错，这的确只是一个形式。他通常都会同意我的建议。"但有时你的雇主也可能会说："哦，是的，他通常会听从我的建议，但如果他不直接表示同意，我也不能向你做出任何保证。"这时你就可以使用"更高权威策略"的第二招：让他承诺会在雇主面前为你努力争取。"你会向他建议给我加薪的，对吧？"通过诱导使对方做出承诺，他就不得不表明自己的立场。当然，最理想的情况就是他直接告诉你："哦，是的，我也觉得你的确应该加薪。我会努力为你争取的。"但通常情况下，他内心深处可能并不愿意这么做。此时他可能会说："哦，坦白地说，我想他可能需要先了解一下你的业绩表现。"

所以在薪酬谈判的时候，我建议你应当遵循一个最基本的原则：千万不要与那些没有决策权或者只会对你说"不"的人讨论加薪问题。

8. 预测对方的意见

在开始谈判之前，不妨先预测对方可能会在谈判过程中提出的反对意见。提出加薪请求之后，你通常可能会遇到2种反对意见：

◆ 公司目前业绩不太好，无法承受你的加薪请求；
◆ 你的业绩表现并不太好，目前还无法加薪。

下面我们来逐一分析这两种反对意见。首先，针对"公司业绩不太好，无法承受加薪请求"，你在开始谈判之前，一定要搜集到充分的信息。如果你所服务的是一家上市公司，我建议你花一晚上时间在网上搜集一些关于公司的业绩信息。随着网络的日益普及，以前很难找到的很多信息如今都可以轻松获得。你可以先了解一下公司的近期股价，公司发布的鼓吹公司业绩的新闻报道，或者是公司最近做出的扩张投资等等。

在雇主说出"公司无法承受"的理由之前，你可以谈谈自己对公司当前业绩的观察，这样你就可以在对方开口之前堵住他的借口。比如你可以告诉对方："在这家如此出色的公司就职真是一件让人开心的事情，听说公司的股票在过去的9个月里升了9个百分点。我们的销售额也上升了12个百分点，利润比以往任何时候都要高。"

那么又该如何应对"你的业绩并不太好，目前还无法加薪"的借口呢？当然，希望这并不是事实。在进行谈判之前，一定要仔细复习一下你去年为自己设定的业绩目标，以及目标的实现情况。告诉你的雇主："去年你和我一起设定了这些目标，它们真的对我很有帮助。等你批准我的加薪请求之后，我还想让你和我一起设定一下明年的目标。"

如果你并没有实现任何目标，一定要事先想出足够的理由。"我之所以没能实现这些目标，一个重要的原因就是因为公司大大缩减了对我们部门的资金支持。"

9. 眼前的问题最重要

锁定问题是一个非常重要的谈判策略。不妨把谈判假想成是在打网球。在整个比赛过程中，唯一重要的事情就是球在球场上的运动轨

迹。只要你能够清楚地看到网球的运动轨迹，对方做什么并不重要。在薪酬谈判过程中，真正重要的是双方在谈判桌上的你来我往，是"我们现在在谈什么"，而不是我们4分钟以前、半小时之前、昨天，或者是上个星期在谈什么。

因为在大多数人心目中，一旦谈到该如何为自己争取最大利益，他们就会变得非常紧张。在这种心理状态下，人们很容易会因为情绪变化而放弃更大的利益。你甚至会因为一句口舌之争而甩手而去，放弃谈判。在谈判过程中，一定要做好应对这种敏感情况的心理准备。真正的谈判高手不会让自己的情绪影响谈判过程。国际武器谈判专家只会把情绪变化作为一种谈判的策略。只有当感觉对谈判更有利的时候，他们才会有计划地宣泄自己的情绪。

美国前国务卿沃伦·克里斯托弗（Warren Christopher）曾经说："**谈判的时候难免会大动肝火，不过这没什么，只是你应该学会控制自己，把发火作为一种具体的谈判战术。如果你真的感到不安，并失去控制，你就会输掉谈判。**"

在与雇主进行薪酬谈判的时候，你可以采用同样的策略。谈判之前一定要确立清晰的目标，想清楚你要采用的谈判策略，并将其加以实施。一定要把目标锁定到结果上，而非情绪。当你的雇主贬低你的业绩或者质疑你的忠诚度时，千万不要感到愤怒。记住，整个谈判过程中，唯一重要的事情就是：与5分钟或者30分钟之前相比，我们的谈判取得了怎样的进展。要想成为一名优秀的谈判专家，就一定要学会把注意力锁定到眼前的问题上。

要点回放

- 你在谈判中的优势取决于你能否让自己的雇主相信,你手头有很多备选方案;
- 你对于雇主的价值直接取决于另请他人取代你的难度;
- 一定要在工作的某一个环节上做到无与伦比,没人能够取代;
- 千万不要与那些只能对你说"不"的人谈判;
- 尽量不要越级提出加薪申请;
- 问你的雇主是否愿意和你一起和他的上级讨论你的加薪问题;
- 通过诉诸你直接雇主的自我意识来说服他支持你的加薪请求:"你的领导通常都会同意你的建议,对吧?"
- 在进行谈判的时候,把注意力锁定到眼前的问题上;
- 千万不要过于情绪化。当对方批评你的工作表现时,并不意味着他在贬低你的人品;
- 在进行谈判的时候感到愤怒也没有关系,但前提是,千万不要因此而让自己情绪失控。

第12章 找准谈判压力点
Secrets of Power Salary Negotiating

> 在谈判过程中，巧妙利用谈判压力点十分重要。这可以促使雇主向你发出录用通知或者给你加薪。接下来我将告诉你在使用谈判压力点时需要注意的技巧。

当你的雇主并不愿意向你发出录用通知或者给你加薪的时候，你就需要抓住谈判压力点了。在使用这些压力点的时候一定要注意技巧，以免让雇主感到不快，或者感觉你的表现有些出格了。一般来说，在这种情况下，你可以使用3个压力点。

1. 时间压力

在任何谈判当中，时间压力都扮演着非常重要的角色，在进行薪酬谈判时，时间压力尤其重要。

你的孩子们非常了解这点，不是吗？他们会在什么时候向你提出要求？在你着急要出门的时候，对吧？就在你要赶着出门参加一个重要会议，而且你已经迟到了的时候，孩子们知道这是向你提出要求的最佳时机。因为这时你根本没有时间与他们谈判，所以会干脆选择答应他们。

遇到时间压力的时候，人们往往会更加容易改变自己原来的决定。当你的雇主并不着急要你完成某项工作的时候，你通常很难说服他给你加薪。相反地，当他面对巨大的时间压力时，你就可以很容易得到自己想要的东西。

你的雇主都会遇到哪些时间压力呢？当然，如果不事先花费一些时间搜集相关信息的话，你永远不会知道这个问题的答案。要想更好地进行薪酬谈判，建议你考虑以下时机：

◆ 他们想要提拔一个人，但一时无法找到接替此人的合适人选；
◆ 职位已经空缺了一段时间，整个部门的士气逐渐开始低落，或者整个区域的服务都出了问题；
◆ 你有着丰富的经验，可以解决当前公司头疼的问题；
◆ 当前正在承担这一职位的人开始表现不佳，但除非能找到合适的替代人选，否则他们无法开除此人；
◆ 当前正在承担这一职位的人需要对你进行培训，除非你被雇用，否则他就无法跳槽。

很多事情都会让你的雇主面临时间压力，以上我只是列举了其中的几个。你可以根据自己所在组织的情况列一张清单，然后根据你遇到的新情况来增加清单上的内容。见到面试官的时候，一定要牢记清单上的内容，努力寻找迹象，看看对方是否正在承受这些压力。

接受时间

一般情况下，你的未来雇主都需要过一段时间才能意识到，自己本来设定的用人标准是不切实际的，自己根本不可能聘到一名硕士研究生来做这份工作。他们也要花上一段时间才能意识到，如果想要聘请到自己心目中的理想人选，就必须付出更多的薪酬。否则，自己根本请不到一名更好的候选人，或者根本不可能让候选人接受自己开出的条件。

所以我建议，一定要为对方留出足够的时间来与你重新谈判。不

要给他们压力，不要让对方早早就作出最后的决定，一定要告诉对方："我希望你能找到理想的候选人，但你仍然可以随时联系我。如果我也没有找到理想的工作，我们还可以再谈谈。"

要和未来雇主多待上一段时间

在进行谈判的时候，耐心往往是最大的美德。你与未来雇主在一起谈判的时间越长，你就越有可能得到自己想要的东西。多用一些时间来了解这家公司，尽可能多提问。如果对方愿意带你参观一下公司，不妨让这次参观持续的时间越长越好。之所以要这么做，主要是出于以下2个原因：

- 与对方相处的时间越长，他们就会对你越信任；
- 与对方相处的时间越长，他们在谈判时的立场就越容易改变。与你在一起相处的时间会直接影响对方在你薪酬问题上的弹性，以及其他薪酬因素变动的空间。因为从心理的角度来说，他们希望自己在你身上花费的时间不会白费。他们的大脑会告诉自己："既然已经在这个候选人身上投入了这么多时间，我可不想白忙一场。"

但一定要记住，如果不够谨慎，你所投入的时间可能会在谈判中起到完全相反的作用。毕竟，在与雇主相处一段时间之后，你自己也可能开始变得立场不那么坚定了。你的潜意识可能会告诉你："既然已经在这份工作上花了这么多时间，我可不想空手而回。"

把握所有细节

千万不要告诉对方,"这些事情我们可以以后再谈"。有时谈判双方都不希望仔细考虑很久以后才可能会实现的事情,比如说你第一年的休假补贴。公司的人力资源主管可能会告诉你:"这不是问题,这件事情我们可以以后再谈。"可能你完全可以立刻就解决这个问题,但当双方商谈完了绝大部分条件之后,你可能会突然发现,这些本来看起来问题不大的细节,反而会成为关系到双方谈判成败的关键。也有可能你此时过于想要得到这份工作,开始感受到巨大的时间压力,所以即便对方拒绝你的很多条件,你也不会有足够的勇气结束谈判。为了避免这种情况,我建议你在谈判过程中一定要注意把握好各种细节,以免到最后出现意外情况。

2. 信息压力

对于求职者来说,搜集信息是非常重要的一个环节。当你觉得自己似乎已经非常了解一家公司的时候,实际上你可能只了解了一半自己需要了解的信息。在参加面试之前,不妨问问自己是否了解以下信息:

- ◆ 对方的这次招聘活动已经持续了多长时间?
- ◆ 他们需要在什么时候确定人选?
- ◆ 上一位负责这份工作的人到底出了什么问题?他是被提升了还是被开除了?
- ◆ 已经有多少合格的求职者发出了求职申请?
- ◆ 哪些因素会降低求职者的资质?

对未来雇主了解得越多，你就会对他的聘用原则把握得越清楚。你所了解的任何信息都可能会帮你大大增加自己的谈判筹码，并最终创造双赢的结果。

千万别怕提出强硬问题

我以前经常因为怕得罪人而不敢提出强硬的问题。事实上，在提出任何问题之前，我都会先做出类似的铺垫："如果我想知道……不知道你会不会介意？"或者"不知我是否可以问你……？"如今我已经学会了该如何更加直接地提出那些比较强硬的问题，比如说我可以通过一种职业化的方式直接问对方："你的权限有多大？你最高可以提供多高的薪酬？"或者"上一位做这份工作的人每年能得到多少奖金？"即便对方的人力资源主管拒绝回答这些问题，你也可以从他的拒绝当中得到很多信息。优秀的调查型记者都非常清楚，即便对方拒绝回答问题，你仍然可以从他的拒绝方式中获取很多信息。千万不要只是提出一些你确定对方会回答的问题，那样会大大限制你搜集信息的空间。

人们会在同级的同行之间分享很多信息

同级别的同行之间往往更容易分享信息。大家不只会对自己所供职的公司忠诚，同时对自己所从事的行业同样忠诚。比如你是一名计算机工程师，公司的人力资源主管带你参观他们的计算机部门，这时你就有机会接触到该公司的某位计算机工程师。你可以给他打个电话，约他第二天一起共进午餐。这样你就可以从他那里了解各种一手信息，因为他会把你看成自己的同行，戒心不像管理层那样强烈。

提问的地点也很重要

记住，一定要请那位计算机工程师共进午餐。一旦离开办公环境，人们往往更愿意分享信息。通常来说，工作场所会让人感觉到一种无形的压力。在工作场所，人们会对自己的所言所行非常敏感，会很清楚地界定哪些东西该说，哪些东西不该说。所以一定要请他们离开自己的工作环境。当然，如果你能够邀请这家公司的人力资源主管一起打场高尔夫或者是一起外出共进晚餐，就会获取更多信息。但通常来说，即便只是把对方邀请到公司对面的星巴克，或者是楼下的餐厅，你就已经可以大大减少他们内心的障碍了。

提出开放式的问题

吉卜林（Rudyard Kipling，英国小说家、诗人。——译者注）曾经写过一个关于6个仆人的故事。他说这6个仆人能够告诉自己所有需要知道的东西。这6个仆人分别是：谁、什么、哪里、什么时候、为什么以及怎么样。在当今社会这6个仆人依然能够带给我们很多重要的信息。因为人们在回答开放式问题的时候，通常会附带透露很多其他的信息。与开放式问题相对应的是封闭式问题——那些只要用"是"或"不"就能回答的问题。下面我们来分析一下，在薪酬谈判中，开放式提问和封闭式提问之间究竟有什么不同。

开放式提问：

- ◆ 你支付给员工最高的奖金是多少？
- ◆ 你所提出的薪酬待遇究竟有多大弹性？

封闭式提问：

◆ 如果我能下个月1号开始工作，你会支付给我签约奖金吗？
◆ 公司会给我配车吗？

在搜集信息时，一定要使用开放式提问。那样就能和对方不停地交谈，也会让对方感到非常放松。当然，这些技巧都需要多练习才能熟练掌握，你越是能熟练地运用这些技巧，就能搜集到越多的信息。

3. 终止谈判压力

在所有的压力点中，这是最重要的一种。比如，你告诉对方："不好意思，我很着急，15分钟之后，我必须见个面试官。"我的建议是，让对方意识到，如果你得不到自己想要的东西，你随时可能结束谈判。

我的薪酬谈判研讨班曾经接待过成百上千位学员。他们的目标都只有一个：让自己的雇主给自己升职或者加薪。这些学员面对的一个最大的问题就是，他们感觉自己在面对雇主的时候毫无底气。之所以会出现这种情况，原因只有一个：他们都没有做好离开公司的准备。随时结束策略在薪酬谈判当中至关重要。

我的女儿茱莉亚就是一个最好的例子。茱莉亚买自己的第一部车子时，她想要一辆二手宝马，而且试驾之后，她发疯似地爱上了那辆二手宝马——不幸的是，经销商非常清楚地看到了这一点。

回家之后，茱莉亚要我和她一起去那家二手车商店，希望我能帮她谈下一个更好的价钱。在去商店的路上，我问她："如果今天买不下这辆车,你会接受这个事实吗?"

"不,绝不!"茱莉亚回答道,"我想要!我想要!"

"如果是这样的话,"我告诉她,"你干脆还是答应他们的价格吧,因为你已经在恳求他们了。要想在谈判中占有优势,你必须学会随时离开。"

那天我们在经销商那里谈了两个小时,中间甚至两次离开展示大厅,但最终我们还是成交了,比茱莉亚的心理价位低了2 000美元。

计算一下,照这种速度,茱莉亚每个小时赚了多少钱?两个小时赚了2 000美元,也就是每个小时1 000美元!无论在任何地方,这都是一笔不错的收入!这再次说明,谈判是一种比其他任何方式都要快的赚钱方式。

在与雇主进行谈判的时候,让对方感觉你随时可能离开是最理想的谈判策略。既然如此,那么到底应该怎样掌握这一策略呢?最好的办法就是给自己更多的选择方案。在进行任何谈判之前,都要给自己找到几个备选方案。

比如说你可以同时研究两家不错的公司。当然,我并不是说要你冲进面试官的办公室,大喊:"如果不接受我的条件我就离开!"但无论如何,多一些选择总是可以让你在谈判的时候更有优势。面试官们通常会清楚地感觉到对方是否还有其他选择,一旦他感觉自己并不是你唯一的选择,你就会在谈判中占据优势地位。

在与一位新雇主谈论薪酬待遇的时候,如果同时还有其他公司在向你伸出橄榄枝,雇主向你提供的待遇自然就会升高。我在与一家图书俱乐部谈判的时候,清楚地意识到了这一点。我曾经向一些大型图书俱乐部推销过我的4本书,所以我很清楚他们的底价。但我还是通

过谈判技巧来让对方给出了3倍的报价，因为还有另外一家图书俱乐部在向我发出同样的邀请。拥有其他选择总是能让你在谈判中占据优势，所以在开始谈判之前，一定要给自己多找一些选择。

　　仔细研究一下我在前面谈过的这些压力点，在日常谈判当中多多练习，这可以让你的技巧变得越来越熟练，等到真正重要的场合，你就可以运用自如了。时间压力、信息压力、终止谈判压力是3个最为重要的压力点，如果使用得当，它们将让你在薪酬谈判中为自己争取到更好的待遇。

第13章 如何应对你的谈判对手
Secrets of Power Salary Negotiating

> 即便是对方知道你在使用怎样的策略，你的策略都依然有效。他甚至可能会非常仰慕你的谈判技巧，因为与一个同样谙熟谈判策略的人对局是一件非常有趣的事情。

如果你会下象棋，你就会非常清楚棋手们通常会使用各种手段为自己获得优势。例如开局策略的目的是为了保证局势会向有利于你的方向发展；中场策略的目的是为了延续开局的势头；而终局策略的目的则是为了保证你一击制胜，达到自己的目的。同样地，在进行薪酬谈判的时候运用谈判策略是为了使你能够得到自己想要的薪酬待遇。

象棋和谈判之间有很多共通的地方。要想学会象棋或谈判策略，通常只需要一两个小时，但你可能需要花一生的时间才能精通这些策略。无论是下象棋还是进行薪酬谈判，知道什么时候该使用什么策略是最重要的。

即便对方知道你在使用怎样的策略，你的策略都依然有效。无论下象棋还是进行谈判都是如此。别担心对方会识破你的策略。

他甚至可能会非常仰慕你的谈判技巧，除此之外，与一个同样谙熟谈判策略的人对局也是一件非常有趣的事情。

1. 提出高于你预期的要求

最重要的谈判策略之一就是，要有勇气提出高于你预期的要求。如果你想要得到10%的加薪，最好一开口就提出20%的要求，然后逐渐降低。如果你在申请的新工作年薪为8万美元，而你的目标是

10万美元（心理价位是9万美元），你最好一开口就报价11万美元。

国际谈判专家们认为，在进行谈判的时候，即便知道对方根本不会同意，也要在一开始的时候来个狮子大开口。其中有3个理由：

◆ 可以给对方带来新的压力；
◆ 能够拓宽谈判的空间，这样双方就更容易做出让步；
◆ 可以更好地帮助你判断对方的立场。

在薪酬谈判的时候，这些原则仍然适用。当你提出高于自己预期的要求时，就会给自己的未来雇主带来前所未有的压力。你拓宽了双方的谈判空间，这样你在谈判时就更容易做出让步，比如说当你要求20%的加薪，结果最终降低到10%的时候，双方就更容易达成共识。更加重要的是，你会让对方感觉自己赢得了谈判。他可能会告诉自己的人力资源主管："嗯，他要求20%的加薪，可我最终还是让他接受了10%的加薪幅度。"

理查德·尼克松时期的国务卿亨利·基辛格是20世纪最顶级的国际谈判专家之一，他甚至说过："谈判桌上的结果完全取决于你能在多大程度上夸大自己的要求。"

值得提醒的是，基辛格所说的能力指的是你使用这一策略的技巧。这些道理看起来都非常简单，但它之所以能成为谈判专家眼中最重要的谈判策略之一，有5个原因。

原因1：对方可能会答应你。 如果你是一位积极的思考者，你可能首先就会想到这个。对方有可能会立刻答应你的要求，你所要做的就是怎样说服对方答应。

事实上，你对面前的情况了解得越少，你就越需要扩大自己的谈

判空间，因为——

◆ 你可能并不清楚你的未来雇主愿意支付多少薪酬。如果你没有仔细研究这份工作的薪酬范围，也没有对这家公司做过彻底的研究，那你可能根本不了解这份工作的正常薪酬究竟是多少。你可能以为8万年薪已经是最高水平了，可实际上，你的未来雇主愿意支付的薪酬可能是9.5万美元。如果你的未来雇主心中相信一位合格的求职者应当要求9.5万美元的年薪，而你却提出8万美元年薪的要求时，他可能就会觉得你并不是一位合格的求职者；

◆ 如果是与未来雇主第一次见面，你可能希望双方能尽快建立良好的关系。要想做到这一点，最快的方式就是做出让步。没错，这并不是建立好关系的最佳方式，但它却是最快的方式。

原因2：这样可以让你更容易得到自己想要的东西。 我是从我的大儿子德维特那里学到这个的。一天吃晚饭的时候，他问我能不能借用一下我的跑车。平时如果我不陪在他身边的话，他根本不能开车，因此我对他的要求感到非常吃惊。可是我并不想让他太沮丧，于是我温和地回答道："德维特，那辆车速度很快，我不太放心让你一个人开着它上路。我不希望你因为车祸受伤。"

他非常失望地看了看我，然后说道："那我可以借那辆厢式旅行车吗？"尽管我并不是很愿意，但我想了想之后还是回答道："好吧。"

半个小时之后，我发现德维特正和一群朋友搬着两个大音箱放到旅行车的后车厢。"咦，"我自言自语道，"他好像根本没有打算借我的跑车。他知道该向我提出超出他预期的要求。这样他就可以更加容易借到自己真正想要的旅行车。"

这样做会有什么危险呢？你是否会因为自己的狮子大开口而失去一个很好的机会呢？的确有这样的可能。雇主们通常不愿意聘用那些自己无法支付其薪酬的员工，因为他们不希望请到一位不开心的员工。他们担心员工会在其他问题上提出过高的要求，而且他们也很担心自己的员工一旦找到收入更高的工作就会立刻辞职。

正因如此，在提出自己的要求时，你需要让对方感觉到你的条件是可以商量的。比如说雇主认为某一职位的薪酬标准应该是 8 万美元。你愿意接受的底价是 9 万美元，但是你希望最好能够得到 10 万美元。在这种情况下，我建议你不要一开始就提出 9 万美元，并做出一副"要么接受，要么免谈"的架势。相比之下，我还是建议你首先提出 11 万美元的要求，同时暗示对方你的要求是富有弹性的。要记住，11 万美元的要求本身可能就已经是个错误了，如果你在提出这一要求的时候还是用一种"要么接受，要么免谈"的架势，对方可能根本就不会与你展开谈判。但假如你说："根据我在这份工作上能为公司创造的价值，我想 11 万美元应该是一个比较合理的薪酬标准。"此时对方的人力资源主管可能会想："这根本不可能，但这是目前为止最合适的求职者，而且听起来他的要求还是可以商量的。我应该和他花时间好好谈谈，看看能否把薪酬降低一些。"

原因 3：这样可以提高你在对方心目中的价值。 你需要告诉你的未来雇主你到底值多少钱。提出的要求越高，你在对方心目中的价值就会越高。如果对方的人力资源主管问你想要多少薪酬，而你又没有勇气强硬地提出自己的要求，那么，你在对方心目中的价值就会立刻大打折扣。

试问，如果对求职者都一无所知的话，你会更愿意聘请哪位求职者？你要求每位求职者提出自己的薪酬要求，求职者 A 告诉你："我

的预期薪酬是 10 万美金，我保证对得起贵公司付给我的每一分钱。"求职者 B 告诉你："我想要 10 万美金，但如果这份职位只能提供 8 万美元的薪水，我也可以考虑。"

销售人员也经常会犯类似的错误，他们常常会过快地降低自己的报价。买方可能会说，"给我一个最实在的价格吧。"销售人员就会立刻回答道："公开报价是每件 75 美元，但如果你今天就下订单，我可以给你每件 65 美元。"发现他犯了什么错误了吗？他的这种做法立刻就降低了自己的产品或服务在对方心目中的价值。你在与未来雇主协商薪酬条件的时候，千万不要犯类似的错误。要让对方把自己的报价清晰地表达出来。如果可能的话，尽可能让对方写下来。这是我在《优势说服的秘密》（Secrets of Power Persuasion）中谈到的 7 个秘诀之一。口说无凭，眼见为实，人们通常更容易相信自己亲眼看到的东西。

原因 4：这样可以让对方以为自己是谈判中的赢家。 对于谈判者来说，这是一个非常关键的问题。当基辛格说"谈判桌上的结果完全取决于你能在多大程度上夸大自己的要求"时，他就是在提醒你要创造一个让对方获胜的谈判情景。如果你在一开始就提出自己的最低报价，对方的人力资源主管就无法通过谈判降低你的要求，这样他最终就无法体会到赢得谈判的感觉。缺乏经验的谈判者们往往会犯这种错误。比如说销售新手常常会告诉自己的雇主："我今天就要提出报价了，我知道这笔订单的竞争非常激烈。他们几乎找遍了本市的所有供应商。我想我们还是一开始就给出最低价，否则恐怕连谈判的机会都没有。"有经验的谈判高手们则知道，自己应该一开始提出高于自己预期的要求，同时暗示对方自己的要求是可以调整的。所以一定要记住，在谈判刚开始的时候，一定要给对方留出一定的空间，这样之后的谈判就会变得更加顺利，你也就更容易得到自己想要的东西。

原因5：当你在与一个非常自我的人进行谈判时，提出高于自己预期的要求可以有效避免双方之间出现僵局。所谓自我，是用来形容那些为自己的谈判能力而感到自豪的人力资源主管的。这种人最喜欢向自己的雇主吹嘘自己的谈判能力："这位求职者的年薪要求是10万美元，其实这个要求也不过分，但我还是跟他谈了谈，最终他很高兴地接受了7.5万美元的年薪。"

还记得第一次海湾战争吗？当时美国向萨达姆·侯赛因提出了3个要求：

- ◆ 立刻从科威特撤军；
- ◆ 重新恢复科威特的合法政府。不得像苏联当初在阿富汗那样，设立一个傀儡政府；
- ◆ 修复自己对科威特造成的战争伤害。

这就是当时美国政府提出的3个要求。这些要求有什么问题呢？问题就在于，它们是美国政府所能接受的最低条件。结果当然是让谈判陷入僵局！不可能不陷入僵局！萨达姆·侯赛因是一个非常自我的人，而美国根本没有给他任何机会去挽回自己的面子。那么美国国会的那些谈判专家们为什么要这么做呢？难道他们都是白痴？当然不是。我想美国政府根本不打算让萨达姆接受这3个条件。诺门·施瓦茨柯普夫将军（H. Norman Schwarzkopf）在他的传记《身先士卒》（*It Doesn't Take a Hero*）中写道："一到那里，我们就意识到，除非能够打赢一场军事战争，否则其他结果都将意味着美国的失败。我们不可能眼睁睁地看着萨达姆·侯赛因把60万军队撤回边界，然后每

天担心他不知道什么时候又卷土重来。"

在上面这个例子中，谈判的其中一方之所以故意制造僵局，是因为这符合他们的目标。我担心的是，在与自己的未来雇主谈判时，你可能会因为不懂得提出高于自己预期的要求而在不知不觉中制造僵局。

当你提出高于自己预期的要求时，记得一定要保持微笑。我不记得自己是在什么时候听到这一建议的，但它的确是一条非常宝贵的建议。记得十几二十年前，我曾经在一部法国电影里看到过一个男人是如何教一个小孩去市场上乞讨的："不管要什么东西，都一定要保持微笑。"多么了不起的建议啊！一个微笑可以传达很多信息，比如说：

- ◆ 我喜欢你；
- ◆ 这会非常有趣；
- ◆ 别担心，我并不是想跟你搞对抗；
- ◆ 别生气，因为我并不打算让你做你不想做的事情；
- ◆ 如果你有不同意见，我很乐意洗耳恭听。

在提出任何要求的时候都保持微笑。这难道不是很了不起的建议吗？当你想要吸引某个人的时候，当你想要为自己争取更好的条件，当你想要说服自己的未来雇主支付给你超值的薪酬的时候，这种策略都会非常奏效。

要点回放

之所以要提出高于自己预期的要求，主要有以下几条主要原因：

◆ 你可能会得到自己想要的东西，你唯一需要做的就是设法提出自己的要求；
◆ 你可能会更容易得到自己想要的东西；
◆ 它会提高你在未来雇主心目中的价值；
◆ 它可以创造一种有利于形成共赢的气氛，让你的未来雇主感觉自己赢得了谈判；
◆ 在对付那些非常自我的未来雇主的时候，它可以防止谈判陷入僵局；
◆ 在提出要求的时候，一定要暗示你的条件是有弹性的，以此鼓励未来雇主与你展开谈判；
◆ 在提出高于自己预期的要求时，一定要保持微笑！

2．不要对第一次报价说"yes"

可能你的未来雇主迫切需要你来承担这份工作，并且愿意支付你10万美元的年薪。他提出了8万美元的报价，并没有想过你会接受。那么当你立刻点头说"yes"的时候,他会怎么想？他首先想的不会是："哇，我是一个多棒的谈判高手啊。"通常来说，他的第一个念头都会是："看来我本来可以把价格压得更低。看来7.5万美元也可以。"他的第二个念头是："既然他能接受一个我本来以为他绝对不可能接受的待遇水平，那一定是哪里出了问题。"

下面让我们把这种思路用于一次普通的谈判情形当中。比如说你正在考虑买辆二手汽车。同一条街上有几个人正好有车要卖，他们的报价是1万美元。这是一个不错的报价，车子你也很喜欢，简直迫不及待地想要抢在其他人之前把它买回来。但就在去成交的路上，你开始感觉事情有点不对劲儿，感觉自己不应该立刻一口接受对方的报

价，于是你决定提出一个 8 000 美元的超低报价，看看对方会有什么反应。走到对方家里之后，你反复检查了这辆汽车，开到大街上测试了一下，然后对车主说道："这并不是我想要的那种，但我可以给你 8 000 美元。"

报完价之后，你开始等着对方大发雷霆，但让你大吃一惊的是，车主夫妻二人开始商量起来："亲爱的，你觉得怎样？"另一位说道："还是接受这个报价，赶紧把车子处理了吧。"

这番谈话会让你欢呼雀跃吗？它难道会让你有"哇，我简直不敢相信！看来这已经是最低价了"的想法吗？我想不会。我觉得你可能会想：

◆ 我本来可以把价格压得更低；
◆ 一定是哪里出了问题。

在与雇主谈论加薪问题的时候，不妨把这个理念应用到你们的谈判过程中。当你提出 20% 的加薪申请时，雇主却告诉你他只能给你增加 10% 的薪酬，但在内心深处，他正在考虑是否把你的薪酬提高 15%。然而你听到 10% 的加薪幅度之后就大感满足。这时你的雇主可能会想：

◆ 我本来可以把加薪幅度压得更低。既然他能接受 10% 的加薪幅度，看来 5% 也不是不可能；
◆ 他居然能接受一个我觉得根本不可能的价格，那一定是哪里出了问题。

多年以来，在我举办过的成百上千次谈判研讨班上，我经常会问学员们他们在这种情况下会有何感想。结果大都不超出以上两种情况。有时有些人的反应顺序会有所颠倒，但通常来说，对方大都会自然而然地想，"我本来可以谈到更好的条件"以及"一定是哪里出了问题"。下面我们分别分析一下这两种反应。

反应1：我本来可以谈到更好的条件。有趣的是，对方的这种想法跟你所提出的报价几乎没有任何关系。他们之所以会这么想，完全是因为你提出报价的方式。试想一下，如果你报价7 000美元，甚至是6 000美元，而对方立刻告诉你他们可以接受的话，你会怎么想？你难道不会感觉自己还可以把价格压得更低吗？如果你的一名员工要求你增加10%的薪酬，但你提出5%之后对方就立刻接受呢？你难道不会感觉自己本来可以把条件压得更低吗？

反应2：一定是哪里出了问题。当卖方对你的第一个报价点头赞同的时候，你的第二个反应通常是，"一定是哪里出了问题"。

如果你很快答应对方的第一次报价，对方通常会有以上两种反应。举个例子，你的儿子跑上来问你，"爸爸，我今晚能借你的车吗？"你马上答应："当然，孩子，拿去吧。玩得开心点。"这时你儿子难道不会想："唉，要是再要10美元去看电影就好了。"或者他难道不会想："咦，到底出了什么事情？他们为什么想让我离开这座房子？难道发生了什么我不知道的事情？"

这些道理都是很容易理解的，但在谈判进行到正激烈的时候，当你的雇主提出了比你想象优越的条件时，你很容易就会忘记这个道理。这时你就很容易犯错了。你可能会事先反复揣摩雇主会对你的申请做出怎样的反应，这样做是非常危险的。

拿破仑曾经说过:"作为一名指挥官,最不可原谅的错误就是'预设某种情况'——假设你的敌人在某种情况下会做出某种反应,可事实上,他的反应可能完全不同。"所以你通常假设雇主会立刻拒绝你的申请,但事实上对方却可能比你想象的通情达理得多。举个例子:

你最终决定鼓起勇气向雇主提出加薪的要求。你要求增加15%的薪酬,但你告诉自己,能增加10%就不错了。让你大吃一惊的是,你的雇主告诉你,由于你最近表现很好,他愿意给你增加15%的薪酬。这时候你难道会在内心暗自庆贺吗?我想不会。你可能会十分懊悔,觉得自己应该要求对方增加25%的薪水。

优势谈判高手们都会非常谨慎,他们绝对不会过快地答应对方的条件。因为这样做通常会让对方产生两种想法:

◆ 我本来可以谈到更好的条件。(一个老练的谈判高手不会告诉你他感觉自己输掉了谈判,但他会告诉自己:"下次再和这家伙打交道的时候,我一定要更加强硬,不会让他占任何便宜。")

◆ 一定是哪里出了问题。

拒绝对方的第一次报价可能并不容易,尤其是当你努力了几个星期才下定决心和对方谈谈的时候。你很容易就会迫不及待地接受对方的第一次报价。遇到这种情况时,一定要向优势谈判高手学习——记住,千万不要过快地说"yes"。

3. 听到对方第一次报的薪酬时要大吃一惊

当你的未来雇主第一次提出你的薪酬待遇时，你一定要做出大吃一惊的表情。

比如说你来到一个度假胜地，停下来看一位街头画家作画。他并没有标明价格，于是你问他多少钱一幅，他告诉你 15 美元。如果这似乎并没有让你感到吃惊，他就会接着告诉你："上色另收 5 美元。"如果你仍然没有觉得意外，他就会说道："我们还有一些卡通画，或许你会需要一张。"

有可能你会发现有些人永远都不会这样做，因为他感觉这样会让自己很没面子。比如说这种人会走进一家画廊，问店员："展示窗里的那座雕塑多少钱？"

"2.2 万美元。"

"不算贵！"他可能会说。

事实上，当人力资源主管向你提出一个薪酬条件的时候，他们通常都会悄悄地观察你的反应。他可能根本没想到你会接受他的建议，只是抛出一个条件，以此来观察你的反应而已。举个例子，他问你是否可以接受与上份工作相同的薪酬条件，他可能根本没想过你会接受他的建议，但如果你没有感到大吃一惊，他自然就会想："说不定他可以接受这个条件。我本来以为他不会，可我想我还是应该表现得强硬一些，看看能把条件压低到什么水平。"

当你知道双方都在想些什么的时候，观察一场谈判的进行是一件非常有意思的事情。在与自己的未来雇主商谈薪酬问题的时候，你难道不想知道对方的脑子里究竟在想些什么吗？

在我举办的为期两天的优势谈判研讨班上，我们会将学员分成两

组，练习我在研讨班上谈到的谈判技巧。我会创建工作小组，然后根据各个成员所处的行业对其进行调整，以帮助他们更好地实践。

我会将学员们分成买方、卖方，以及裁判。这时裁判就会处于一个非常有趣的位置上，因为他事先参与了卖方和买方的筹备会议，非常清楚每一方的谈判空间。他知道每一方的开场条件，而且知道双方各自能够做出的让步有多大。

比如说裁判可以清楚地看到买方会提出一个注定会让卖方大为恼火的报价。在实际生活中，他们根本没有勇气提出这样的报价。因为他们心里非常清楚，提出报价之后，当自己走出房间的那一刻，对方就会大肆嘲笑自己。可让人感到吃惊的是，卖方并没有感觉大吃一惊。裁判们本以为卖方会大叫起来："你想干什么？我看你一定是疯了。我根本不会那样做！"可事实上，卖方的反应要平静很多。他们只是平静地回答道："我想这个价格太低了，恐怕我们无法接受。"转瞬之间，谈判的形势就发生了变化。一分钟之前还显得很可笑的报价突然变得可以商量了。你可以看到买方的表情发生了变化。现在买方开始想："说不定我们的报价并没有想象的那么离谱。"

下面我们来举个薪酬谈判的例子。克里斯正在申请一份在笔记本电脑公司当营销主管的工作。这份工作的主要内容是在公司、公司员工，以及公司产品经销商之间进行沟通。具体来说，营销主管可能会负责撰写新闻简报，举办比赛，以及负责整个北美市场的网络沟通工作。在雇主看来，要想找到一个合适的人选，公司大约需要支付10万～15万美元的年薪。或者公司可以增加该职位的工作内容，包括与广告代理公司的沟通。如果是这样的话，公司可以把薪酬水平提高到20万美元。

求职者克里斯并不非常适合这份工作，但他拥有良好的资质，而且他以前在类似的职位的年薪为10万美元。他已经接到了另外一份

15万美元的录用通知，但这需要他从加利福尼亚的奥林治县搬迁到纽约，他不想这么做。

如今克里斯已经进入到第3轮面试，余下的竞争对手已经不多了。他需要考虑薪酬问题了。他的期望薪酬是15万美元，但他担心对方听到这个报价之后会大吃一惊，立刻将自己从候选人名单上划掉。

"你是我们正在认真考虑的人选之一，"人力资源主管告诉克里斯，"你的薪酬要求是什么？如果我们同意在几个月之内根据你的表现调整你的薪酬水平，不知你能否接受10万美元的年薪？"

克里斯表示反对："已经有一家公司，也是类似的职位，向我开出了15万美元的年薪。我想我无法接受更低的待遇。"

克里斯感觉15万美元的确有些太高，他几乎没有勇气提出这个数字，因为他担心自己会遭到对方的嘲笑。可让他感到吃惊的是，对方的人力资源主管看起来并没有过于吃惊。克里斯担心对方会说："你想要多少？我看你一定是发疯了。"可人力资源主管实际的反应却要温和很多："我想我们并没有打算支付那么高的薪水。"很快，谈判的形势发生了变化。就在几分钟之前，15万的年薪还看起来绝不可能。但现在克里斯却感觉情况可能并不像自己想象的那么糟糕。于是克里斯开始想："我还是坚持一下吧。说不定我可以得到这个数字的年薪呢。"记住，当未来雇主提出薪酬幅度的时候，你一定要记住数目较大的一端，忘记数目较小的一端。比如说他们告诉你，"这份工作的薪酬幅度是6万到7万美元"。你不妨忘记6万美元，同时强调一下7万美元这个数字，比如说你可以吃惊地告诉对方："哇，我以为这份工作的待遇会远远超出7万美元！"

大吃一惊这个表情至关重要，因为大多数人都相信"耳听为虚，眼见为实"的道理。对于大部分人来说，自己眼睛看到的东西要远比听到的东西更有说服力。你完全可以假设，在你的所有谈判对象中，

153

至少有70%只相信自己的眼睛。他们感觉自己看到的要比听到的重要得多。相信你一定接触过神经语言学。有的人相信自己看到的，有人相信自己听到的，还有人更加信赖自己的知觉（他们认为自己所感知的才是最重要的）。还有一些人属于绝对的味觉型和嗅觉型，但这种人并不是太多，通常主要是大厨或香水师。

如果你想要知道自己是属于视觉型、听觉型，还是知觉型，我在10秒钟之内就可以让你得到答案。闭上眼睛，想象你正站在你10岁时住过的房子里。这时如果你大脑里开始呈现那栋房子的样子，这说明你属于视觉型。在我的研讨班上，至少有70%的学员都属于视觉型，有时这个数字甚至可以达到90%。

也可能你大脑里并没有浮现任何画面，而是回响起了一些奇怪的声音——可能是火车经过，也可能是孩子们在玩耍。这就意味着你属于听觉型。听觉型的人非常依赖自己的听觉。我的朋友尼尔·伯曼是一位居住在新墨西哥州圣达菲市的心理治疗师。他能清楚地记得自己和所有病人的谈话，可如果是在超市见到某位病人，他甚至都认不出他们。可当他们说出"早上好"的时候，只要一听到声音，他马上就会记起来："哦，是的，这是那位具有强烈反社交倾向的双重人格病人。"

第三种可能是，你的大脑中既没有浮现出任何画面，也没有回响起任何声音，但你却完全可以体会到10岁时的感受。这说明你属于知觉型。

在找到更多方法影响对方之前，不妨先假设他属于视觉型。这也就意味着，一旦听到对方的报价，你就应该立刻做出一副大吃一惊的表情。

千万不要以为这种做法太孩子气或太做作了，你很快就会发现，这种做法的效果非常神奇。事实上，它的作用几乎让所有第一次使用它的学员都大吃一惊。

一位女士告诉我，有一次，她在波士顿最好的餐厅吃饭，当时她想点一瓶酒，可一看到酒的价格标签，她不禁犹豫了一下，结果餐厅主管立刻把价格降低了 5 美元。一位男士告诉我，在进行一次交易时，他只是犹豫了一下，对方销售代表就立刻把一辆新车的价格降低了 2 000 美元。

要点回放

- 对方第一次提出自己的条件时，一定要立刻表现出大吃一惊。他们可能并没有指望你能接受他们的条件，但如果你没有感到吃惊，他们就会认为你有可能会接受他的条件；
- 每次表示吃惊之后，对方通常都会做出一些让步。如果你没有感到吃惊，对方的态度可能就会变得越来越坚定；
- 在找到更多办法影响对方之前，不妨假设他属于视觉型；
- 即便没有和对方进行面对面的沟通，你也应该在听到对方提出的条件之后感觉大吃一惊，因为这一策略在电话沟通时也同样有效。

4. 不要有对抗情绪

你在薪酬谈判刚开始阶段所说的几句话，基本上会决定整个谈判的氛围。你的雇主或未来雇主很快就会看出，你究竟是在寻求一种双赢的解决方案，还是在不遗余力地为自己争取最大利益。

这正是有些律师在谈判时经常出现的问题之一，这些律师通常都是非常喜欢对抗的谈判者。相信你可能也曾经收过那种左上角有几个

突起黑字的白信封，这时你不禁会想，"哦，不，这次又是什么啊？"你打开信封，扑面而来的第一条信息会是什么？威胁。对方会告诉你，如果你不答应他们的要求，他们就会怎么对付你。

所以刚开始谈判时一定要非常小心。反驳通常只会让对方更想证明自己。反驳会导致竞争。所以你最好先表示同意，然后再慢慢地使用"感知、感受、发现"策略。

比如说你和雇主讨论增加薪酬的问题，可雇主却告诉你，"现在是整个行业历史上最艰难的时期，能有份工作就已经很幸运了"。

这时你不妨告诉对方："我完全理解你的感受。很多人都有和你现在相同的感觉。（这样你就可以成功地淡化对方的竞争心态。你并不是在反驳对方的观点，而是在表示同意。）但你知道吗？形势最艰难的时候，通常也是机会最多的时候。我可以和你谈谈我的一些想法，希望能够帮助公司渡过眼前的难关。"

比如说你正在申请一份工作，对方的人力资源主管告诉你："我想你可能在这个领域并没有足够的经验。"如果你告诉对方："我以前处理过比这还要困难的事情。"你实际上就是在说："我是对的，你错了。"这样你就会迫使对方不得不设法捍卫自己的立场。所以你不妨换种说法："我想我明白你的感受，很多人也都和你有类似的感受。但我以前做的工作和你这份工作有很多相似之处，可能这些相似点并不是那么明显，不过我可以向你解释一下。"

所以千万不要一开始就和对方争辩，那样只会导致对抗，而是要先表示同意对方的观点，然后慢慢设法转变其立场。

不妨尝试一下，看看对方会有怎样的反应。请两个人面对面站着，告诉其中一个人假装自己手里有一块钻石，所以他要努力攥紧拳头。然后告诉另外一个人设法从对方手里拿走这块钻石。十有八九，后者会一把抓住对方的手，想要用力抠开手指，夺走钻石。这时对抗会自然形成，对方就会用力反击，拼命保护手里的钻石。毫无疑问，对抗只会导致更加激烈的竞争。

"感知、感受、发现"策略的另外一个美妙之处就在于，它能给你足够的时间去思考。你希望自己的雇主能够接受你的加薪请求。可不幸的是，你选择的时机非常不对。他只是大笑一声："你今年的表现一团糟，我简直不敢相信你还有勇气来要求加薪。"一时之间，你陷入无语，不知道该说什么，可如果你能采用"感知、感受、发现"策略，你就可以告诉对方："我很清楚你的感受。如果处在你的位置，很多人都会有类似的感受。可我发现……"说到这里的时候，相信你就该想出该说什么了。

要点回放

- ◆ 千万不要在谈判一开始的时候就和对方争辩，那样只会导致对抗；
- ◆ 使用"感知、感受、发现"策略化解对方的敌意。"感知、感受、发现"策略能让你有足够的时间进行思考，从而更好地想出策略，化解对方的对抗。

5. 钳子策略

钳子策略是另外一种非常有效的谈判策略，它的效果会让你大吃一惊。钳子策略非常简单，你只要告诉对方："你必须做得更好。"

从下面的例子当中，你将可以看出优势谈判高手们是如何使用这一策略的。

你是一家广告公司的客户服务人员，认识你的人都知道你非常擅

长处理进口汽车广告代理工作。一家来自麦迪逊大街的广告公司已经和你沟通了好几个月，并最终决定向你发出邀请。

你愿意接受较低的薪水，但这家广告公司提出的待遇水平却远远超出了你的想象，而且你每拉来一笔广告业务，他们还会为你提供相当诱人的提成。

可即便是在这种情况下，你也没有表现出欢呼雀跃的样子，相反，你平静地告诉对方："很抱歉，我相信你们能提供更好的待遇。"

一位有经验的谈判高手会立刻使用"反钳子策略"："那么你到底想要达到一个怎样的水平呢？"他们希望你能提供一个具体的数字。可在很多时候，那些缺乏经验的谈判者们都会在你使出钳子策略之后立刻做出让步。

说完"我相信你们能提供更好的待遇"，你又该怎么办呢？立刻闭嘴！一个字都不要再说。对方可能会立刻做出让步。销售人员们在刚入行没多久就学会了什么时候该保持沉默。你提出自己的报价，然后立刻闭嘴。对方可能会马上表示同意，所以除非你听到对方明确的拒绝，否则就闭嘴，一个字都不要再说。

我曾经亲眼目睹两位推销员之间是怎样进行一场沉默交易的。当时我们三个人围坐在一张圆形会议桌旁。我右边的那位推销员想从左边的推销员那里购买一处房产。就像在培训时学到的那样，他提出了报价，然后闭嘴。我左边那位比较有经验的推销员一定在想："他妈的！我简直不敢相信。这小子居然跟我来这手？看我怎么教训他。干脆我也不说话。"

于是我就坐在两位意志坚定的推销员中间，他们两个人都一言不发，一心等着对方先开口。我也不知道该怎么打破这一僵局。房间里死一般地安静，只有一边的老爷钟还在"滴答滴答"地响着。显然，这两个家伙都很清楚对方在想什么，而且谁都不愿意示弱。我也不知道他们该怎么解决这个问题。时间好像过了半个小时，当然，事实上可能只有5分钟——因为沉默往往会让人感觉非常难熬。最后，那位更有经验的推销员打破了僵局，在纸上潦草地写下"最终决定（final decizion）"，然后轻轻地把纸条推到桌子对面。他故意把单词中的s拼成z。年轻的推销员看了一眼纸条，便不假思索地说道："你把decision拼错了！"一旦开口，他就无法停下了。（你见过这样的推销员吗？一旦开始交谈，他们就再也停不下来了。）他接着说道："如果你无法接受我刚才的条件，我可以把价格再提高2 000美元，但一分钱也不能再高了。"就这样，对方甚至还没有决定是否接受报价，他就已经主动提高价格了。

所以，在使用钳子策略时，无论对方是报价还是还价，你只要说一句话就可以了，"对不起，你必须调整一下价格"，然后就闭上嘴巴。

记得有一次，一位客户邀请我为他的经理们做一次优势谈判秘诀培训，培训结束后，这位客户给我打来电话："罗杰，我想你听到这个可能会很高兴，我们刚刚用你教的策略赚到了1.4万美元。事情是这样的，我们计划在迈阿密的办公室安装一些新设备。按照惯例，我们让三家符合条件的经销商提交了报价，然后选择价格最低的那一家。我大致看了一下他们的报价单，正当我准备接受其中一家的报价时，我突然想起你告诉我们的钳子策略。于是我想：'为什么不试试呢？'随后我就在报价单上写道：'你可以做得更好，'然后就把报价单寄给了经销商。结果他们第二次的报价居然比我当初准备接受的报价足足低了1.4万美元。"

你可能会想："罗杰，你并没有说出报价金额啊，如果这是一份5

万美元的报价单，那减少1.4万美元显然是极大的让步，可如果是一笔几百万美元的大买卖，1.4万美元就不算什么了。"千万不要陷入百分比的陷阱，记住，真正重要的是金额，而不是百分比。而且需要指出的是，他只是用了两分钟时间，在对方的报价单上粗略写了几个字，就为自己的公司节省了1.4万美元。这也就是说，通过这种方式，他每个小时可以为自己的公司创造42万美元的利润。这可不是一笔小数目。

还有一个毛病也是律师们经常容易犯的。和律师们打交道的时候，我发现，在面对价值5万美元的诉讼案时，他们可能会为提高5 000美元的诉讼费而给对方发去律师信；可在面对100万美元的案子时，他们可能连5万美元都不会太计较，因为这些律师们总是喜欢用百分比来计算得失，而不是具体的数字。

如果你向客户让价2 000美元，无论这笔生意总价是1万美元还是100万美元，你最终都会失去2 000美元。所以说，如果你回到公司告诉销售经理："我必须把价格降低2 000美元，但没关系，要知道，这可是一笔10万美元的大生意啊！"这说明你还不了解优势谈判的秘诀。事实上，你应该这样想："这里有2 000美元，就摆在谈判桌上。不知道我应该花多少时间去努力争取一下呢？"

遇到这种情况时，不妨大致估算一下自己的时间价值。千万不要为一件10美元的东西谈上半小时（除非你这么做只是为了练习本书中提到的谈判策略）。即便对方把10美元全都让给你，你一小时也只是赚到了20美元。所以在谈判时，不妨从自己的具体情况出发，如果你一年能赚10万美元，一小时就是50美元。所以你应该问问自己："我现在做的事情每小时能给我带来超过50美元的收入吗？"如果答案是肯定的，你就应该继续坚持下去。如果你只是毫无目的地在饮水机前面和人瞎聊，或者只是在和人谈论昨天晚上电视上播放的电影，或者是其他每小时并不能给你带来50美元的事情，那你显然就是在浪费时间。

一定要记住，你和你的未来雇主商谈的虽然不是一笔具体的业务，但却是你赖以生存的关键。所以当你在谈判中不知道自己是否应该再坚持一下的时候，不妨告诉自己："这种谈判每小时不止会给我带来 50 美元。"记住，在谈论薪酬这个话题的时候，你可能只要一分钟，甚至一秒钟，就能赚到 50 美元。

如果这还不够，请记住，薪酬谈判的价值绝对不可以用简单的时间来计算。比如说你在使用优势谈判技巧说服你的雇主每星期为你增加 50 美元薪水，但实际上，你们商谈的绝对不是 50 美元的问题。这 50 美元还会成为你未来进一步加薪的基础。不妨计算一下，如果你打算为这家公司工作 5 年，每星期 50 美元就意味着你可以在这 5 年时间里多得到 1.3 万美元。如果你只用 30 分钟就做到这一点，你这次谈判的价值就等于每小时 2.6 万美元。从任何人的标准来看，这可都不是一个小数字！

记住，无论对方提出怎样的条件，优势谈判高手们总是会告诉对方："相信你们一定可以给出更好的条件。"当别人用这种策略来对付优势谈判高手的时候，他们会立刻回应："那么你到底希望我给出怎样的条件呢？"

要点回放

◆ 当对方提出报价的时候，不妨用钳子策略回应对方："相信你们一定可以给出更好的条件。"

◆ 如果对方用钳子策略对付你，不妨反问对方："那么你到底希望我给出怎样的条件呢？"这样就会迫使对方提出一个具体的条件；

◆ 留意双方谈判时所涉及的具体金额，千万不要只考虑百分比问题。
◆ 谈判的结果会成为未来谈判的基础。一定要学会用小时为单位来计算谈判能为你带来的收入；
◆ 这个世界上再没有什么比谈判更快的赚钱方法了。

6. 在非对抗状态下给对手施压

在薪酬谈判过程中，一个最让人感到沮丧的情况就是，你突然发现对方根本没有权力来作出最终决定，否则你就会感觉自己可能永远无法见到真正的最终决策者。

在加州担任房地产公司总裁的时候，我经常会遇到许多登门拜访的推销员，他们推销的东西各种各样：广告、复印机、计算机设备等等。每到这个时候，我总是尽力把价格压到最低。我会告诉对方："看起来不错。不过我要先向董事会汇报一下，这样吧，我明天给你最终答复。"

第二天，我会告诉这些推销员："天啊，董事们真是不好对付。我满以为他们会接受我的建议，可他们告诉我，除非你能把价格再降几百美元，否则这笔生意恐怕没希望了。"当然，大多数推销员最终都会答应我的条件。事实上，我根本不需要向董事会汇报，而且我也从来不觉得自己的行为是一种欺骗。你的谈判对象非常清楚，你的这种做法只是一种普通的谈判策略罢了。

所以当人力资源主管告诉你，他需要向雇用委员会或者执行委员会汇报的时候，事实可能并非如此。

下面我们首先看看为什么这一策略会有效，然后我会告诉你该如何应对这一策略。

为什么雇主们喜欢使用更高权威策略

通常来说，展开谈判之前，你都会想有最终结果。如果一位人力资源主管能够直接告诉求职者"我有权和你达成协议"的时候，他会显得更有权力。

优势谈判高手们知道，这种做法会让自己在谈判过程中处于不利位置。人力资源主管们可以通过为自己找到一个更高的权威，来让自己处于更加有利的位置。当然，要想做到这一点，他必须学会摆正自己的位置，但这种方法的确非常有效。

要想让这种策略更好地发挥作用，你所使用的更高权威最好是一个模糊的实体，比如说某个委员会或董事会。打个比方：你真的见到过银行的贷款委员会吗？我从来没见过。来我培训班的银行家们一直在告诉我，只要贷款金额不超过50万美元，借贷部门就可以直接决定，而无需请示贷款委员会。借贷部门的工作人员非常清楚，如果他直接告诉你，"我已经把你的计划呈交给总裁了"，你就会说："好的，那我们现在就去见总裁吧，现在就把问题解决。"可如果这位工作人员告诉你的是一个非常模糊的实体，你就不可能这么做。

人力资源主管可能会给自己找一个模糊的更高权威，比如说某个委员会，因为那样的机构往往给人一种无法触及的感觉。如果你告诉客户，在作出最终决定之前，你必须首先请示销售经理的话，你猜他的第一反应是什么？没错！他会想："那我为什么还要在这里和你浪费时间？如果只有经理才能作出最终决定，就让经理来谈吧。"而当你的更高权威是一个模糊群体时，就不是那么容易接近了。多年以来，每次接待推销员的时候，我都会告诉他们，我必须请示董事会，这么多年来，只有一位推销员曾经问过我："那么你们什么时候会开董事

会议呢？我什么时候可以直接向他们做演示呢？"

使用更高权威策略可以在不导致对抗的情况下给对方施压。如果人力资源主管告诉你："我不能付给你那么多薪水。"那样无疑会导致一种对抗。可如果他说，"我不能保证我们的委员会能批准这个数字"的时候，你就不会感觉到对抗了。

当你想要给对方施压，但又不希望双方产生对抗情绪的时候，更高权威是一种非常有效的策略。我相信你可以看出为什么雇主们喜欢对你使用这一策略。试想一下，当他们告诉你自己必须向一个更高的权威请示你的薪酬问题时，这样做对他们会有哪些好处呢？

- ◆ 他们只要告诉你"我恐怕要花点时间向委员会汇报一下"，便可以给你施加巨大压力，同时又不会引发任何对抗情绪；
- ◆ 这种策略可以让你在瞬间失去平衡，因为当你发现自己根本没有机会接触真正的决策者时，你就会感到一种巨大的沮丧；
- ◆ 通过虚拟一个更高权威，他们便可以推卸作出最终决定的压力；
- ◆ 他们也可以使用钳子策略："如果想要说服我们的委员会，你必须给我们一个更好的价格。"
- ◆ 这样做会让你感觉自己首先必须争取客户的支持，然后才有可能得到"委员会"的批准；
- ◆ 他们可以通过一种间接的方式来传达自己的要求："如果你能把价格再降低10个百分点，你就可能会有机会争取到我们委员会的批准。"
- ◆ 这可以迫使你加入一场竞标战："委员会要求我必须找到5家公司来竞标，他们会选择标价最低的那家。"
- ◆ 这可以让你在不知道对手的情况下主动降低条件："委员会明

天会开会作出最终的决定。我知道他们已经接到了一些很低的报价，所以你现在的报价其实毫无意义，不过如果你能够提出足够低的报价，说不定还会有机会。"
- ◆ 这给了客户使用白脸/黑脸策略的机会。"如果我能做决定，我就会选择和你做生意，可问题是，委员会的那些守财奴们唯一真正关心的就是价格。"

如何应对更高权威策略

幸运的是，优势谈判高手们知道该如何有效地应对更高权威策略。你可以在谈判开始之前消除对方诉诸更高权威策略的可能，比如说你可以让对方承认，只要条件合适，自己就可以作出最后的决定。还记得吗，我曾经告诫我的经纪人们，一定要在带客人看房之前问清楚："我想确认一下，如果真的喜欢这座房子，你是否还会因为其他原因而无法作出决定呢？"汽车推销员们所使用的也是同样的策略。在开始试驾之前，他们通常会问客户："我想跟你确认一下，如果你很喜欢这辆汽车，是否还会有其他原因让你今天无法作出决定呢？"因为他们知道，如果不首先解除对方诉诸更高权威的可能，当他们要求客户作出决定时，客户就会虚构一个更高权威来作为拖延借口，比如说："你看，我的确希望今天就作出决定，可因为是我的岳父帮助我们支付首付，所以我们首先必须让他们也来看看这辆车。"

在薪酬谈判的时候，你所能遇到的最令人沮丧的情况可能就是，人力资源主管告诉你："嗯，听起来不错，非常感谢你提出这样的条件。我会跟我们的执行委员会讨论这件事情。如果他们同意，我们会马上联系你。"接下来该怎么办呢？如果你足够聪明，不妨在谈判开始之前就打消对方诉诸更高权威的可能，以免让自己陷入这种尴尬的境地。

比如说你想要去一家市级医院担任急诊室主管，你已经接受了三次面试。他们告诉你："你是我们的一号选择，不知你对薪酬待遇问题有怎样的期待？"这时你一定要做两件事：

◆ 让对方清楚地意识到你还有其他选择；
◆ 消除对方诉诸更高权威的可能性。

在提出自己的要求之前，你不妨假装随意地问一下，"我并不是要给你施加压力……（这句话可以被称为"铺垫"——其实你正是在为接下来施加压力做准备。）但如果真的要开始谈这件事情，我们就要马上开始。所以我想先问你一个问题：如果我的条件满足你的所有要求……（毫无疑问，这是一个相当泛泛的表述，不是吗？）你是否还会因为其他原因而无法今天就作出决定呢？"

这时对方完全可能表示同意，因为他很可能会想："如果能够满足我的所有要求？这可没那么简单。"但如果你能让他们说出："是的，毫无疑问，如果你能满足我的所有要求，我现在就可以拍板决定。"那你就离成交不远了。

好了，现在让我们分析一下，你刚刚取得了哪些进展：

◆ 你解除了对方"需要再想一想"的权利。如果他们告诉你自己需要再考虑一下，你就可以告诉他们："哦，我还是再来解释一遍吧。一定是我哪里没说清楚，因为你此前曾经说过自己今天就可以作出决定的。"
◆ 你解除了对方诉诸更高权威的可能。他们不可能说："我想让我们的某个部门（比如说法律部门或者是雇用委员会）来仔细了解一下。"

如果仍然无法消除对方诉诸更高权威的可能，你接下来又该怎么办呢？我想你可能会说："如果我的条件能满足你们的所有要求，你还会因为别的原因而推迟作出决定吗？"这时对方的人力资源主管很可能就会说："对不起，这是一个非常重要的位置，我们必须经过执行委员会的批准。我必须请他们来作出最终的决定。"

当无法消除对方诉诸更高权威的可能性时，优势谈判高手们通常会采取3个步骤。

步骤1：诉诸对方的自我意识。 你可以微笑着问对方："但他们通常都会听从你的推荐，是吗？"只要你能够激发对方的自我意识，他就会告诉你："是的，我想你说的没错。只要我喜欢，估计就没什么问题了。"但在大多数情况下，他们还会说："是的，他们通常会听从我的推荐，但我还是要先征求他们的意见才能作出最终决定。"

如果你发现自己的谈判对象是一个自我意识非常强的人，一定要在刚开始进行演示的时候就阻止对方诉诸更高权威，比如说你可以告诉对方："如果你把这份报价单交给你的雇主的话，你觉得他会批准吗？"在很多情况下，那些自我意识非常强的人通常会骄傲地告诉你："我根本不需要征得任何人的同意。"

步骤2：让对方做出承诺——将会向更高权威做出对你有利的推荐。 你可以告诉对方："你会向他们推荐我的产品，是吗？"理想情况下，对方很可能会告诉你："是的，看起来不错。我会努力为你争取的。"

让对方做出这一承诺非常重要，因为这时他很可能会告诉你，其实根本没有什么所谓的委员会。他可能完全有权力作出最后的决定，说自己必须请示某个委员会可能只是对方的一种谈判策略罢了。

167

在步骤2，优势谈判高手通常会要求对方在更高权威面前做出积极推荐。接下来只有两种可能了。他们可能会表示同意，也可能会当场拒绝，"不，我做不到，因为……"无论结果如何，你都已经赢了。如果他肯支持你，那样更好，可即便是遭到了拒绝，你也可以告诉自己，"这太好了"。因为拒绝本身就是可能会同意的信号。如果对方根本没有兴趣雇用你，他根本就不会去拒绝你的要求。

拒绝本身就是打算购买的信号。我们知道，在房地产行业，当我们带着客户看一处房产的时候，如果对方只是一味地"哦，哈"，好像他们对一切都很满意的话，他们通常并不打算购买这处房产。而那些真正有购买意向的客户通常会说："哦，厨房并没有我们想象的大。我也不喜欢这墙纸。我们最后很可能会拆掉这堵墙。"这些人才是真正的未来客户。如果你是从事销售工作的话，不妨想一想，你这辈子见到过一开始就对价格满意的客户吗？当然没有。所有真的打算买东西的人都会抱怨价格。

所以最大的问题并不是拒绝或抱怨——而是漠不关心。让我来证明一下吧。请问"爱"的反义词是什么？如果你的答案是"恨"，请再想一想。只要对方愿意向你扔盘子，你就会有机会，因为你总能做些什么来改变这种情况。事实上，"爱"的反义词是"漠不关心"。当对方告诉你，就好像《乱世佳人》中的瑞特·巴特勒（Rhett Butler）所说的那样："坦白说，亲爱的，我一点儿都不关心！"这时候你就会知道这部电影差不多要结束了。漠不关心才是真正的危险，拒绝并不可怕。拒绝是购买的信号。

所以当你问对方："你会向委员会推荐我们的，是吗？"他们可能会说："是的，我会的"，或者说，"不，我不会"。无论他的回答是前者还是后者，你都已经达到目的了。这时你就可以进入步骤3了。

步骤3：使用"取决于"策略。举个例子："如果我能通过贵公司的体检，你会录用我吗？"或者"我们现在就可以达成一致吗，还是要等贵公司验证完我的学历之后？"或者"那么一旦你收到了我的大学成绩单，我们就可以达成共识了吗？"

使用更高权威策略给你的雇主施压

更高权威是一种既能施压，又不会导致对抗情绪的绝佳手段。如果你告诉对方"我可不能接受那么少的薪水"，双方肯定就会产生对抗情绪。可如果你说："我很高兴能够为贵公司效力，因为我知道自己非常适合这份工作。坦白说，这份工作对我来说不只是钱的问题。因为我的两个孩子还在读大学，太太又失业在家，所以我必须考虑很多其他因素。我想跟他们讨论一下，但我想如果你不能付给我刚才提出的薪水，恐怕他们也不会同意我接受这份工作的。"这样你就可以在不制造任何对抗的情况下让对方感受到压力。

那么当对方使用反策略的时候，你又该怎么办呢？如果对方设法消除你诉诸更高权威的可能性时，你又会怎么办呢？比如说，如果对方问你："你有权作最终决定，对吧？"你可以告诉对方："这取决于你的条件。如果你接受我的建议，我就可以立刻作出决定，否则的话，我可能就需要跟我的家人商量一下了。"

关于更高权威策略，还有一件事情需要提醒你。如果对方雇主设法迫使你一定要立刻作出最终决定，你又该怎么做呢？

比如说你在向一家工厂申请一份流水线工人的工作。对方告诉你："我们想让你来做这份工作，但我们只能支付这么多的薪水。请你现在就作出决定，否则我就只能请下一位求职者了。"

你该怎么办？答案非常简单。你可以告诉对方："我也很想马上

作出决定。事实上，如果你需要，我现在就可以告诉你答案。但我必须告诉你——如果你逼我现在就决定，我只能很遗憾地告诉你，答案是'不'。如果你能等到明天，等我跟家人商量之后，我想我应该可以给你一个肯定的答案。所以为什么不能等到明天呢？这样对双方都很公平，不是吗？"千万不要让对方逼迫你立刻作出一些你以后可能会后悔的决定。

有时你可能会遇到更高权威策略。你觉得对方已经答应了你的条件，可没想到他居然说还要请示公司的人事部主管。你做出了一些让步，可没想到对方居然又要请示公司的副总裁。在我看来，更高权威是一种非常不道德的策略。我敢肯定，许多人都在购买汽车的时候遇到过这种策略。经过简单的协商之后，你也会吃惊地发现销售人员很爽快地接受你的超低报价。当你确定了一个价格之后（这时你在心理上已经认定这辆汽车已经到手了），对方销售人员就会告诉你："哦，看起来不错。只要请示一下经理，这辆车就是你的了。"

这时你几乎感觉钥匙已经到手，过户手续也即将办妥了，于是你坐在成交室里，暗暗祝贺自己居然谈成了这么一笔好交易。可就在这时，那位销售员带着经理回到你的面前。经理坐了下来，看了看价格，然后说道："你知道，弗莱德这次有些过头了。"弗莱德看起来一脸尴尬。"刚才咱们谈定的价格比这辆车的出厂价低了将近500美元。"只见他一边说着，一边拿出了一张看起来像出厂发票之类的东西，"当然，你不可能让我们来承担这个损失，你说是吧？"

这时你自己都觉得不好意思了。你也不知道该如何应对。本以为交易已经完成了，可没想到对方的雇主突然喊停。根据厂商的激励制度，经销商完全可以按照低于出厂价5%的价格卖掉汽车，并且还能赚到钱。当然，你并不知道这一点。所以为了维护自己的面子，你答应把价格提高200美元。好了，你再次以为自己已经得到这辆车了，可销售经理居然告诉你，由于价格太低，所以他必须要请示自己的上级。然后这位经理的上级又会告诉你他会请示自己的上级。然后又是上级的上级。你会发现自己好像陷入了一个巨大的经理方阵，每个人都会逼得你把价格稍微抬高一点。

当你发现对方在对你使用更高权威策略时，你可以用以下策略加以应对：

◆ 你也可以创造自己的更高权威。对方很快就会意识到你在做什么，只好停止自己的做法；
◆ 每次对方叫停时，你都要把报价恢复到第一次报价的水平。千万不要让对方在跟你的拉锯战中不知不觉地提高价格；
◆ 只要合同上的墨迹没干，加薪协议就没有达成。如果你已经开始在心里考虑该如何花掉增加的薪水，你就会在情感上难以割舍，从而就会非常不愿意放弃对方的条件了；
◆ 最重要的是，千万不要在谈判过程中因为失望而大发脾气，结果让一笔本来可以皆大欢喜的交易泡汤。没错，这种策略既不公平，又不符合道德，但别忘了，你的目标是推动商业之轮，而非感化犯人。

在进行优势谈判的时候，学会使用和应付更高权威策略是非常关键的。一定要保持自己诉诸更高权威的权力，同时要想方设法消除对方诉诸更高权威的可能。

要点回放

◆ 不要让对方知道你有权作出最终决定；

◆ 你的更高权威一定要是一个非常模糊的实体，而不是某个具体的人；
◆ 谈判时一定要控制自我意识。千万不要让对方诱使你承认自己有权做出最终决定；
◆ 想办法让对方承认，一旦你的条件符合他们的所有要求，他就可以作出最终的决定。如果这种方法不奏效，你可以使用3种策略来进行应对：
(1) 诉诸对方的自我意识；
(2) 让对方承诺他会在自己的雇主面前积极推荐你；
(3) 采用"取决于"策略。
◆ 如果对方在你还没做好准备时强迫你作出最终决定，不妨告诉对方你只好放弃——除非他们能给你时间征求更多人的意见；
◆ 如果对方使用更高权威的做法，记住，每次叫停时，一定要把条件回复到最初的水平——与此同时，你也可以升级自己的更高权威。

7. 永远不要折中

在美国，人们都非常注重公平的观念。这一观念告诉我们，只有当双方都做出同样让步的时候，这个世界才是公平的。打个比方，如果弗莱德要出售一处房子，他的最初报价是40万美元，苏珊的报价是38万美元，而且弗莱德和苏珊都想达成交易，他们就可能会想："39万美元应该是一个比较公平的价格，因为双方都做出了同等的让步。"

这样做可能公平，也可能不公平。因为在这种情况下，最终的价格完全取决于弗莱德和苏珊最初的报价。如果这处房子的确只值38万美元，而弗莱德却因为发现苏珊喜欢这套房子而抬高价格，那就不太公平了。而如果这房子价值 40 万美元，苏珊也愿意支付 40 万，可她却因为发现弗莱德急需用钱而拼命压价，那显然也不太公平。所以当你无法跟客户就价格问题达成一致的时候，千万不要以为只有双方折中才是一种公平的做法。

抛开这种错误观念之后，下面我将告诉你一个优势谈判高手们常用的讨价还价的正确方法。只要将报价折中两次，你就可以把双方价格的差距进行 75%/25% 的分配，而如果再多分配几次，你或许还可以从雇主那里争取到更好的薪酬待遇。

下面我们来看看这一策略是如何收到成效的：

首先要记住，永远不要主动提出对双方的条件进行折中，但一定要有勇气主动让雇主提出折中。

比如说你是一位信息技术专家，你向一家中等规模的零售连锁店提出申请，希望能够担任该公司的 IT 经理。双方已经进行了一段时间的接触，对方公司的人力资源主管提出你的年薪为 8 万美元，你的要求则是 8.4 万美元。然后你该怎么办呢？你强烈地感觉到，如果你主动提出把年薪要求降低到 8.2 万美元，对方一定会接受。

这时千万不要主动折中，这时你应该告诉对方："哦，我想这恐怕不行。我们花了这么长的时间谈判，而且只差一点点就达成一致了，真是让人感到可惜。"（通常情况下，谈判时间越长，谈判者就越容易改变决定。）"唉，要知道，我们之间的分歧只是区区 4 000 美元。就快达成一致了，结果只差 4 000 美元就让合作泡汤了，真是让人沮丧。"

如果你不断强调双方在这笔生意上已经投入了大量时间，而且双方的价格分歧只是一个很小的数目，最后对方很可能就会说："既然这样，为什么不一人让一步呢？"

这时你不妨愣一下，然后告诉对方："嗯，一人让一步，看看结果会怎样吧。我现在的报价是 8.4 万美元，你的价格是 8 万美元。如

果一人让一步，那就是 8.2 万美元，是吗？你是说你可以把价格提高到 8.2 万美元吗？"

"是的，"对方回答道，"如果你能够接受 8.2 万元的价格，我们就没问题了。"就这样，刚才双方的报价还是 8 万到 8.4 万，可转眼之间，你就在没让一分钱的情况下把价格范围变成了 8.2 万到 8.4 万。

这时你可以告诉对方，"8.2 万美元听起来比 8 万美元好多了。好吧，我会跟我的合伙人（或者任何其他你杜撰出来的更高权威）商量一下，看看他们觉得如何。我会告诉他们你的报价是 8.2 万美元，看看我们能否达成交易。我明天来找你。"

第二天，你来到对方的办公室，告诉他们："唉，我的合伙人最近可真不好应付。我本来非常肯定他们会接受 8.2 万美元，可我们昨天晚上花了两个小时研究了详细的数据，他们坚持认为，只要价格低于 8.4 万美元，我们就是在做赔本生意。我们现在只差 2 000 美元了。毫无疑问，我们不会因为这 2 000 美元就让一笔生意泡汤吧？"

只要你坚持的时间足够长，最终对方都会同意再次对价格折中。

只要能够让对方再次折中，你就多赚了 1 000 美元。事实上，即便对方不愿意折中，坚持支付 8.2 万美元，你也同样赢得了谈判。因为你最终接受了他们 8.2 万美元的报价，所以他们会感觉自己赢得了这场谈判。然后你可以让你的"合伙人"不情愿地接受这一报价。相反，如果这个价格是你提出来的，对方就会感觉是你在强迫他们接受你提出的报价，这样他们就会感觉自己输掉了这场谈判。

这听起来似乎非常微妙，但它却可以大大影响对方对于输赢的感受。一定要记住，优势谈判的关键就是，在谈判结束时，一定要让对方感觉自己是这场谈判的赢家。所以，千万不要在谈判的过程中主动提出价格折中，要鼓励对方提出来。

> 要点回放

◆ 千万不要误以为只有对价格折中才是公平的做法；

◆ 不一定要取中间价格，因为你通常会有多次讨价还价的机会；

◆ 千万不要主动提出对价格进行折中，要鼓励对方首先提出来；

◆ 通过让对方主动提出价格折中来鼓励对方做出妥协。然后你可以假装不情愿地接受对方的条件，从而让他们感觉自己赢得了谈判。

8．不要把别人的麻烦变成自己的

千万不要让对方把他们的问题转嫁到你身上。打个比方，当你的雇主对你说："哦，我们想要给你加薪，可问题是，我们并没有那么多预算。"这到底是谁的问题？公司没有足够的预算给你应得的加薪，这并不是你的问题。千万不要让对方把他们的问题转嫁到你身上。在我看来，遇到这种情况的时候，你首先应该立刻确认对方所说的问题是否确实存在，或者只是对方的一种谈判策略而已。如果对方告诉你，"我们没有那么多预算"的时候，你可以反问："好吧，那么谁有权力批准预算呢？"你可以提醒对方，预算只不过是一个写在纸上的数字，是完全可以改变的。

如果你要求一笔签约奖金，对方告诉你："我们的程序里可没有这一项！"你不妨问对方："请问贵公司哪位有权力改变公司的聘用流程呢？"流程只是一个被写在纸上的东西，既然有人能写出来，就一定有人能改变它。

我曾经在加利福尼亚培训过一家顶级健康管理公司的80名销售人员。距离正式培训还有几个星期的时候，这家公司的培训主管给

我打来电话，邀请我一起共进晚餐，准备向我详细介绍一下公司的运营情况。我挑选了奥林治县最好的一家法国餐馆，晚餐味道好极了。当服务员端来甜点的时候，我说道："你应该为这些销售人员每人配一套我的录音带，这样他们就可以不断地学习我的课程。"一边说着，我一边在脑子里计算，每套录音带的售价是 70 美元，80 套就是 5 600 美元，也就是说，如果对方答应购买我的录音带，除了双方已经商定的培训费用，我还可以多赚 5 600 美元。她想了一下，然后说道："罗杰，这的确是一个很好的主意，但我们没有预算了。"

这时她把本属于自己的问题抛给了我，我知道自己需要立即检验问题的真假。于是我问道："你们的财政年度预算什么时候结束？"

"9 月底。"

"也就是说你们在 10 月 1 日就会有新的预算了？"

"是的，我想是这样的。"

"那好，没问题。我可以先把录音带寄给你们，然后在 10 月 1 日再寄账单，你看这样可以吗？"

"这样就可以了。"她告诉我。

有时候你只要多问一句，问题就自然而然地消失了。

我还记得曾经在阿拉斯加承包商协会（Associated General Contractors of Alaska，专门承建写字楼和酒店的建筑商组成的联合组织。——译者注）进行过一次培训。他们为我预定了希尔顿酒店的房间，离开那天，结束了早晨的研讨会之后，因为晚上还要赶飞机回洛杉矶，所以我想要延迟退房时间，好好休息一下。当时前台的柜台后面并排站着两位服务员，我问其中的一位："你好，我想把退房时间延迟到下午 6 点。"她回答道："道森先生，我们可以为你延迟退房时间，但要多收你半天房费。"

毫无疑问，她把一个酒店的流程问题抛给了我，我知道自己需要立刻验证其真实性。于是我说道:"请问谁有权可以帮我减免这半天的房费呢?"

她指了指旁边的那位女士,说道:"她可以。"那位女士当时就站在她身旁!

于是我靠过去,问那人:"你觉得怎么样?"

她说道:"哦,当然。没问题。"

记住,当有人把自己的问题转嫁给你的时候,一定要立刻验证其真实性。这样你可以确定这只是对方的一种谈判手段,还是真的存在他所说的问题。

下面让我们来做几项练习:

"我们从来不会支付签约费。"

"那我们可以用其他名字来称呼这笔费用吗?"

"我不能批准你第一年有两个星期的假期。"

"请问谁能批准呢?"

"我们只会向那些已经加入公司的人支付搬家费。"

"为什么不先雇用我,然后我再搬家呢?"

要点回放

◆ 不要让你的未来雇主把自己的问题转嫁给你。一旦对方提出问题,立刻验证其真实性;

◆ 一定要弄清这个问题是否真的那么严重,或者这只是一种谈判策略,他们只是想看看你的反应罢了;

◆ 千万不要因为害怕拒绝而放弃提问。对方没有某项预算并不意味着他不可以在下个月安排这笔预算；
◆ 千万不要理会对方的流程。流程可能只是对方偶然制订的东西。既然流程是人写的，就一定可以改变。

9. 要求对方回报

索取回报策略告诉你，每当你按照对方要求做出让步时，就一定要学会立刻索取回报。下面让我们看看运用这一策略的几个例子：

◆ 你是一位外科医生，刚刚被自己所在的医院提拔为部门主任。医院的总裁告诉你："你想要加入医院的道德委员会吗？"你可以反问："如果我接受你的邀请，你能为我做什么？"
◆ 你刚刚被一家为元件制造商提供材料的公司提拔为区域经理，正在跟公司雇主讨论自己的薪酬问题。雇主问你："我们可能会时不时地邀请你对其他区域的销售新手进行培训。"你可以反问："如果我答应这一点，你们能为我做什么？"
◆ 你是一位成功的房地产经纪人，刚刚被提拔为办公室经理。你的雇主告诉你："我想让你在我们开办的经纪人学校举办一场演讲，这会让你在这些新任经纪人心目中建立良好的形象。"你可以反问："如果我答应，你能为我做什么？"

提出索取回报的要求之后，可能会有3种结果——

反应1：你很可能会得到某些形式的回报，比如一笔补偿金，或者带薪假期。

反应2：通过要求对方做出回报，你可以让自己做出的让步显得更有价值。 一定要夸大你的让步。你以后可能会用到这一点。比如说将来你需要对方的支持时，你就可以告诉他，"当你要求我加入委员会／提供培训的时候，我并没有反对，请你这次也不要反对，好吗？"当你夸大了自己所做的让步的价值时，你就为今后要求对方回报埋下了伏笔。

反应3：索取回报可以帮你避免许多麻烦。 这也正是你应该使用该策略的主要原因。如果知道每次要你让步都要付出相应代价，他们就不会一而再、再而三地要求你让步了。我曾经不止一次遇到销售人员来向我诉苦，或打电话到我的办公室："罗杰，能帮我一个忙吗？我本来以为自己刚刚说服公司为我提供一份不错的薪酬待遇。可他们总是要让我做出一些让步。我告诉他们：'好的，没问题。'可一个星期之后，他们又打电话来让我再让一小步，我告诉他们：'好的，我想没问题。'从那以后，同样的情形就接连不断。现在看起来，好像整笔生意都要泡汤了。"实际上当对方第一次要求一些小让步时，就应该立刻要求对方做出回报："如果我帮你一下，你能为我做些什么呢？"

我曾经为一家名列《财富》前50、以制造办公室设备为主要业务的公司培训过50名顶级销售人员。他们设立了一个关键客户部门专门跟最大的客户打交道。所以这些销售人员都是重量级选手。当时一名销售人员刚刚跟一家航空制造商谈成了一笔价值4 300万美元的生意。（这还不是最高纪录。记得我在一家大型电脑制造公司总部培训的时候，学员当中有一名推销员刚刚签订了一笔30亿美元的生意，可他还是在我的培训班上做笔记！）

培训结束之后，该部门的副总裁走上前来告诉我："罗杰，你教

的索取回报策略是我们迄今学到的最有价值的策略。我参加过许多类似的培训班，本来以为自己已经无所不知了，可从来没人告诉我让步之后不索取回报是一个多么大的错误。这个策略今后一定能为我们节省上百万美元。"

一定要严格按照我所说的方式使用这一策略。哪怕改变一个字，效果可能都会截然不同。比如说，本来应该说："如果我们为你做了这个，你又会为我们做些什么呢？"可如果你说成，"如果我们为你做了这个，你也必须为我们……"这样一来，双方就会变成一种对抗关系。你在谈判过程中非常敏感的环节——当对方遇到麻烦，希望你能提供帮助的时候——制造了一种对抗情绪。千万不要这样做，它很可能会让你们的谈判立刻结束。

你还可能会想要提出具体的要求，因为你觉得那样更容易帮助你得到自己想要的东西。我不同意这种做法。我还是坚持你应该让对方来选择究竟为你做什么比较好。

负责为我制作录像带课程的杰克·威尔逊告诉我，就在学到这一策略之后不久，他就用它为自己节省了数千美元。一家电视节目工作室给他打电话，说他们的一位摄像师病了，如果他们给杰克的雇主打电话，请杰克临时过去帮忙的话，杰克是否同意？这个电话其实只是出于礼貌。要是在以前，杰克很可能会说，"没问题"。可这次他告诉对方："如果我为你做这个的话，你准备为我做些什么呢？"让他大吃一惊的是，对方居然说道："下次你使用我们制作间的时候，如果超时，我们可以考虑少收一些费用。"结果他们后来少收了杰克数千美元，在学会这一策略之前，杰克从来没想到提出这样的要求。

当你要求对方给予回报的时候，他们可能会说，"没门儿"，或者是"你可以得到这份工作，这就是你的收获"。这也很好，因为这时你已经得到了自己想要的东西，而且并没有失去任何东西。当然，如果必要的话，你还可以进一步坚持自己的要求，"除非你能给我某种形式的补偿金，否则我想我可能还是会感觉有些勉强"，或者是"除非你能给我一些带薪假期"。

我甚至建议，除非你的未来雇主已经告诉你他会给你怎样的回报，否则就不要对他做出任何让步。对方给你的回报不一定要跟你做出的让步相当，但你一定要得到某种回报。否则的话，你就是在自降身价，你为公司所提供的服务也会在对方眼里大大贬值。反过来说，如果你能从对方那里得到一些回报，哪怕只是微不足道的回报，你也表现出了一位优势谈判高手的风范。

学会主动给予对方回报

如果你感觉雇主不大愿意接受你的条件，不妨主动给予一些回报。我的朋友西德·贝佐斯基曾经告诉我，他刚刚进入保险销售行业时，这个行业的人员流动非常快。新的销售人员会接受保险公司的底薪试用期，但一旦底薪试用期到期，到了只能领取佣金提成的时候，他们就会辞职。西德告诉这家公司："我不想要底薪试用的方式。如果我不能卖出保险，你们就不用付给我钱。我可以从第一天就按出售的保险金额领取佣金，但我希望你们能把我的提成比例从5%提高到8%，并且要答应我，千万不能因为我的收入增加而有所抱怨或者是缩小我的活动区域。"他们立刻接受了西德的建议。时至今日，西德的收入甚至比这家保险公司的总裁都要多。公司其实也不太愿意让西德赚那么多钱，但没有办法，双方已经有言在先了。

> **要点回放**

- 当对方要求你做出一些小让步时，一定记得要求对方给予你回报；
- 注意使用这种表达方式："如果我能够为你做这个，你会为我做什么呢？"
- 你可能会得到一些回报。它会提高你的让步的价值，从而成为你以后索取回报的筹码。最为重要的是，它可以为你避免很多麻烦；
- 千万不要改变措辞，也不要索取任何具体的回报，因为那样很可能会在双方之间制造一种对抗情绪；
- 除非你能得到某种回报，否则千万不要让步，因为那样只会让你自降身价；
- 要想避免遭遇拒绝，一定要找出一些你可以做出让步的地方。

10. 白脸／黑脸策略

　　白脸／黑脸是最有名的谈判策略之一。狄更斯在他的小说《远大前程》里面第一次对这种策略进行了精彩的描述。故事一开始，年轻的主人公皮普正在一处坟地干活，突然，一个样子可怕的大块头冲了出来。这家伙是一个在逃犯，腿上还带着脚镣。他让皮普回家带些食物和锯条回来，这样他就可以把脚镣取下来。但这时罪犯面对着一个两难的局面。一方面他想吓唬一下这孩子，因为只有这样，孩子才会听他的吩咐；而另一方面，他又不能给孩子太大压力，因为这样孩子很可能会跑到村子里报警。

　　解决问题的办法就是白脸／黑脸策略。原文可能并非如此，但我隐约记得那逃犯告诉皮普："你知道，皮普，我很喜欢你，所以我绝对不会伤害你的。可我还必须告诉你一件事情，我的一位朋友现在就藏在树林里，他是个非常狂暴的家伙，而且只有我一个人能够控制他。如果你不帮我把这些脚链卸掉，我的朋友就会去找你算账。所以你一定要帮助我。明白了吗？"当你想给对方制造压力，但又不想导致双方之间的对抗的时候，白脸/黑脸就是一种非常有效的策略。

我们经常会在老套的警匪片中看到这种策略。警察把一名嫌疑人带到警察局审讯，第一个出场的警察通常是一个面相凶恶，看起来非常鄙俗的家伙。他会使出各种办法威胁嫌疑人。过了一会儿，这位警察突然被一个神秘电话叫走，然后第二个警察出现了，他简直是这个世界上最温和最善良的人。他坐了下来，开始跟嫌疑人友好地交谈。他一边递给嫌疑人一根烟，一边说道："听着，伙计，情况并没有那么糟糕。我很喜欢你。我知道你现在的处境非常艰难。为什么不让我来帮你呢？看看我能为你做些什么。"这时你很容易相信这位警察是站在你这一边的——当然，事实并非如此。然后白脸就会继续深入，问你一些看起来似乎并不是很重要的问题。"我想那些侦探们真正想要知道的，"他告诉这位嫌疑人，"是你们到底在哪里买的枪？"可事实上，他真正想问的是。"你们把尸体藏到哪里了？"

就这样，从一些看似微不足道的问题开始，然后不断深入，这确实是一种非常有效的方法。比如说人力资源主管问你："如果你加入我们的话，大概什么时候可以开始工作？"慢慢地，小的决定会逐渐引出大的决定。比如说，如果你是在买房子，房地产经纪人此时可能就会问你："如果真的要买这栋房子，你会怎么布置起居室？"或者，"你想用哪间卧室做婴儿房？"就这样，这些小的决定会慢慢引出大的决定。

曾经担任过美国驻联合国大使的比尔·理查德森（Bill Richardson）

讲过一个关于海地独裁者赛德拉斯（Cedras）将军使用白脸 / 黑脸策略的故事：

> 从海地的赛德拉斯将军那里，我知道了他通常会扮演白脸，他的大将军菲力浦·比安贝（Philippe Biamby）则会扮演黑脸。所以在见他之前，我已经做好了准备。在举行会议期间，比安贝差点没跳到桌子上大叫大嚷："我不喜欢美国政府暴徒……Je ne suis pas un thug（法语，意思是'我不是暴徒'）。"我还记得，当比安贝将军大叫大嚷的时候，我就会转向赛德拉斯："我觉得他好像并不喜欢我。"赛德拉斯这时就开始笑个不停。然后他说道："好了，好了，比安贝坐下。"

人们使用白脸 / 黑脸策略的频率远比你想像的要高。跟人谈判的时候，如果你的对手是两个人，那你就要小心了。因为对方很可能会使用白脸 / 黑脸策略。

打个比方，你的特长是销售工业设备，目前正在接受一家机器人流水线驱动设备生产公司的面试。这是一份很棒的工作，薪水很高，而且还能根据公司当年的利润领取一定的奖金。你已经通过了三轮面试，并且得到通知，要再去面见一次公司的人力资源主管，同时要见的还有公司的营销副总裁。可就在人力资源主管领着你走进副总裁办公室的时候，你却吃惊地看到公司的总裁也在场。

现在的情况是一比三，你感觉有些紧张了，可你还是勇敢地接受了考验，一切似乎都进行得非常顺利。你感觉自己很有可能会得到这份工作。可就在这个时候，公司总裁突然看起来有些不对劲儿了。最后，他告诉自己的副总裁："听着，我觉得我们根本付不起这家伙要求的薪水，非常抱歉，我还有其他事情要做。"然后他冲出了办公室。

如果你并不习惯这种谈判场合，相信这一幕一定会让你大为不安。然后这位副总裁就说了："没关系，他这人有时候会这样。但我想你的确非常适合这份工作，所以我想我们一定能解决这个问题，对吗？如果你能够在薪酬问题上稍微让步一下，我想我们还是有机会共事的。为什么不再考虑一下呢？"

如果你还没有识破对方的这套把戏，你很可能就会不知不觉地问对方："那你觉得贵公司总裁能接受怎样的条件呢？"很快，你就会把这位副总裁看成自己的谈判代表——可问题是，他并没有站在你这一边。

假设你在为一家健康管理公司推销健康保险计划，你跟一家锄草机公司的人力资源副总裁约定了一次会面。当秘书带领你去见副总裁的时候，你却吃惊地发现对方公司的总裁居然也想进来听听你的演示。

这时就形成了二对一的场面（情况不妙），可你还是继续演示，一切似乎都很顺利。你觉得自己很可能达成这笔交易，可没想到对方公司的总裁却突然拍案而起。他告诉副总裁："听着，我想这些人并不是真的想给我们一份认真的方案，我还有其他事情要做。"然后就冲出了会议室。如果你不知道这只是一种谈判策略的话，你很可能会立刻失去信心。然后那位副总裁会告诉你："他这人有时候就是这样，但我真的很喜欢你的计划，如果你能在价格上更加灵活一些，我想我们还是有希望的。为什么不看看我到底能为你做些什么呢？"如果你没有意识到这只是对方的小把戏，你很可能就会问："你觉得贵公司总裁能接受怎样的价格呢？"很快，你就会把这位副总裁看成自己的谈判代表——可问题是，他并没有站在你这一边。

如果你觉得我上面举的例子有些夸张，不妨看看这个例子：你是否会问汽车销售人员："你觉得你们的经理会接受怎样的价格呢？"似乎这位汽车销售人员已经站在你这一边。还有，在买房子的时候，

185

我们也经常问经纪人:"你觉得卖家能接受一个什么样的价格?"让我来问你一个问题。那位经纪人到底是在为谁工作?谁在付他工资?不是你,对吧?他在为卖家工作,但他却成功地使用了白脸/黑脸策略。所以,一定要小心这种策略,因为你经常会遇到它。

即便双方都知道在发生什么事,白脸/黑脸的策略也同样有效。美国前总统卡特和里根就是使用这一策略来解决伊朗人质问题的。

1980年11月,选民们把吉米·卡特赶出了白宫。当时一些伊朗人仍然在德黑兰的美国大使馆里控制着一些美国外交人员。卡特非常想在自己离任之前解救人质,以免里根坐享其成。于是他开始跟阿亚图拉(Ayatollah,对伊朗等国伊斯兰教什叶派领袖的尊称。——译者注)玩起了白脸/黑脸策略,他告诉对方:"如果我是你的话,我认为你应该跟我一起解决这个问题。千万不要跟一月份即将入主白宫的那帮人打交道!我的上帝啊,你见过那家伙吗?他以前曾经演过牛仔。他的副总统曾经掌管过中央情报局。国务卿是亚历山大·海格(Alexander Haig)。这些家伙甚至比英国人还要疯狂。没人知道他们会做出什么。"

里根也顺势而上,他说道:"嘿,如果我是你,我肯定会选择跟卡特解决这个问题。他是个好好先生。我很快就要入主白宫,我想你肯定不会喜欢我这个对手的。"最终,就在里根的总统就职仪式举行当天早晨,人质被释放了。

毫无疑问,伊朗人非常清楚美国人在使用白脸/黑脸策略,可他们并不想逼迫里根去兑现自己的承诺。这说明,即便对方知道你在做什么,白脸/黑脸仍然是一个非常有效的谈判策略。

那么,在进行薪酬谈判的时候,你又该如何使用白脸/黑脸策略呢？如果你是一名演员或者运动员，你可能会让你的经纪公司来安排这一切。这时经纪人就可以让你来扮演白脸，他来扮演黑脸。他们可以告诉制片人："我感觉这部电影有可能拿下奥斯卡。但我可不能让他接受那么低的片酬，因为那样我就会成为行业的笑柄。而且一旦这件事传出去，恐怕会大大影响他以后的片酬水平。所以我根本不愿意花时间来考虑这种级别的片酬。"

那些名人之所以会请经纪人来商谈自己的薪酬是有原因的。对于演员和运动员们来说，一个重要的问题就在于他们不能随时结束谈判。当他们非常希望得到某部影片中的角色，或者是非常希望加入某支球队时，他们就会变得非常不愿意放弃。建筑师们也是如此，一旦他们想到自己的作品将会成为一座城市的地标，能够流芳数代的时候，他们就会变得非常不愿意放弃。

如果你也是从事类似的工作，你就会看出经纪人的必要性了，当有人替你进行谈判的时候，情况就会变得大不一样。经纪人会显得比你强势得多，而且在运用白脸/黑脸策略的时候也会更加得心应手。

不幸的是，在大多数情况下，可能都没有人为你做这些，你还是需要自己来完成这些工作。所以这时，你的黑脸很可能是你的上级，你的家人或者是会计人员。比如说你可以告诉对方："我很想接受这份工作，可我的家人恐怕不会接受。我的太太告诉我，如果我接受这样的条件，我们的孩子可能根本就上不起大学。"

一定要小心你的雇主可能会对你使用白脸/黑脸策略。比如说，他可能会告诉你："是的，要是我能决定是否给你加薪的话，我一定会答应你。可问题是，这要由公司的薪酬委员会来批准。"这是一种非常微妙的白脸/黑脸策略。对付这种策略最标准的办法就是立刻识破对方的伎俩。你可以轻松地一笑，然后告诉对方："呵呵，别跟我来这套白脸/黑脸的把戏了。我们都非常清楚，只要你愿意，就可以

帮我加薪。能告诉我你为什么不愿意帮我吗？我们还是开诚布公地谈谈吧。"

下面是几种应对白脸/黑脸的策略：

◆ 首先要识破对方的策略。你一旦指出对方的把戏，他就会觉得非常尴尬。当你注意到对方在使用白脸/黑脸的时候，不妨微笑着告诉对方："哦，你该不是在跟我玩白脸/黑脸吧？好了，坐下吧，别玩了。"通常情况下，他们会由于尴尬而立刻停止；

◆ 你还可以制造自己的黑脸。比如说你可以告诉对方你也很想满足他们的要求，可问题是，你也需要对自己的家人负责；

◆ 有时你可以让对方的黑脸来解决问题，尤其是当此人非常令人讨厌的时候。最终他的同事们都会变得厌烦，告诉他立刻停止；

◆ 你还可以告诉对方的白脸："听着，我知道你们在使用白脸/黑脸策略。从现在开始，无论他说什么，我都会理解成是你的意思。"这样你一下子就把对方的白脸也变成了黑脸，从而就化解了对方的策略。有时候你可以在心里把对方两个家伙都看成黑脸，这样就可以了，没必要非得把问题挑明；

◆ 如果你发现对方带着一位律师来扮演黑脸，你可以一开始就直接打消对方的念头。比如说你可以告诉他："我知道你的律师是来扮演黑脸的，但我觉得你没有必要这么做。我跟你一样希望能尽快解决我们之间的分歧，所以我们为什么不想办法找出一个双赢的解决方案呢，这样公平吧？"通过这种方式，你就可以达到先发制人的目的。

> 要点回放

- 人们使用白脸/黑脸策略的频率远比你想像的要高。所以每当同时面对两个谈判对手时，一定要小心；
- 这是一种非常有效的谈判策略，它可以帮助你在不会导致任何对抗情绪的情况下，成功地给对方施加压力；
- 应对白脸/黑脸策略的最佳方式就是识破它。由于这种策略可谓尽人皆知，所以一旦对方发现自己的策略被识破，通常他们就会感觉非常尴尬，并立刻停止；
- 不用担心对方会识破你的把戏。即便被对方识破，白脸/黑脸仍然是一种非常强大的策略。当你的谈判对手同样了解这一策略的时候，谈判过程反而会变得更加有趣。这就好像下象棋，棋逢对手的感觉要远比跟一个笨蛋对弈有趣得多。

11. 要逐步缩小让步的幅度

进行薪酬谈判时，一定要非常小心，千万不能让对方发现你的让步模式。比如你的报价是年薪 9 万美元，你可以接受的报价是 8 万美元，所以你的谈判空间是 1 万美元。

你让出这 1 万美元的方式非常关键。在让步的过程中，一般应当避免以下 4 个错误——

错误 1：等差让步

所谓等差让步，也就意味着你会通过每次让价 2 500 美元的方式让出 1 万美元。想象一下，如果你这么做，对方会怎么想？他并不知

道你到底会把薪酬要求降到多少，他只知道你每让一步，公司就可以省下2 500美元。所以他会选择不断迫使你让步。事实上，做出任何两次相同幅度的让步都是一个错误。打个比方，如果你是一位人力资源主管，一位求职者第一次将自己的薪酬要求降低2 500美元，你再要求一下，对方又降低了2 500美元，你难道不会指望对方再降低2 500美元吗？

错误2：最后一次让步的幅度过大

比如说你第一次降低了6 000美元，第二次降低了4 000美元。然后你告诉对方："这绝对是我的底线了。我不可能再降低一分钱了。"可问题是，4 000美元的让幅太大了，绝对不是最后一次让步的幅度。如果你第一次让幅是6 000美元，第二次让幅是4 000美元的话，对方很可能会断定你的第三次让幅大概是1 000美元。他会告诉你："好吧，看来我们没什么好谈的了。可如果你能再让1 000美元，我想我们还可以继续谈。"你拒绝，告诉对方你连100美元都不会降低，因为你刚才给出的已经是底线了。这时对方可能会真的感到不安，因为他可能会想："你刚刚降低了4 000美元，现在居然连100美元都不肯再降！为什么这么不讲情面？"所以最后一次让步的幅度千万不要太大，因为这很可能会让对方产生敌对情绪。

错误3：一开始就做出全面让步

还有一种需要避免的就是一次性把1万美元全部让掉。在我看来，这无异于是"单方面缴械"。相当于霸权主义者们希望我们在核武器问题上所采取的立场：首先拆除我们所有的核武器；然后希望其他的核大国也会自动拆除自己的核武器。我不觉得这是一种聪明的做法。而且在谈判的时候，这种天真的想法无疑是一种灾难。

你可能会想："我怎么可能会做那么愚蠢的事呢？"其实很简单。假设你非常想进入一家大公司，对方的人力资源主管给你打来电话："你是我们正在考虑的三位求职者之一，所以现在我们的关键问题就是你的薪酬要求。我们觉得最公平的做法就是让你们三位同时提出自己的待遇要求，然后我们会作出最终的决定。"除非你是一名经验丰富的谈判高手，否则你一定会大为恐慌，并立刻把自己的要求降到最低，可是即便如此，对方也并没有保证你不会再次遭遇竞价。

除此之外，对方还会使用"我们不喜欢谈判"的方法让你把自己的要求一降到底。比如说对方的人力资源主管可以一脸认真地告诉你："1926 年，在我们的创始人刚成立这家公司的时候，他曾经说过：'一定要认真对待我们的员工。千万不要讨价还价。让他们报上最低要求，然后告诉他们我们是否接受。'这么多年来，我们一直是这么做的。所以你只要告诉我你的最低要求就可以了，我会痛快地告诉你答案。因为我们不喜欢讨价还价。"这位主管是在撒谎。他非常喜欢谈判，这本身就是在谈判，他想看看你是否能在谈判开始之前就把自己的要求降到最低。

错误 4：在一开始做出小让步来试水

几乎所有人都喜欢先稍微退一小步，以观看事态的发展。你有 1 万美元的谈判空间，所以你刚开始可能会告诉雇主："好吧，我可以把价格再降 1 000 美元，但这已经是我的极限了。"如果对方表示反对，你可能会想："这并不像我先前想得那么容易。"然后你再降 2 000 美元。对方还是不愿意立刻雇用你，于是在下一轮谈判中，你

又降了3 000美元，这时你的谈判空间就只有4 000美元了，然后你又一次性降了4 000美元。

看看你都做了些什么？你刚开始的时候还是小的让步，可慢慢地，你让步的幅度越来越大。按照这样的方式谈判，你永远都不可能跟对方达成交易，因为他们每次要求你降低待遇要求的时候，你都会给他们一个更大的惊喜，所以他们就会不停地要求你降低要求。

之所以会出现这样的问题，就是因为你一开始就在对方心目中确立了一种让步的模式。做出让步的最佳方式就是，在一开始的时候，首先答应做一些有利于达成交易的合理让步。或许4 000美元的让步并不会太出格。那是你谈判空间的一半。但一定要记住，在随后的让步中，让步的幅度一定要逐步缩小。你的下一次让步可能只有3 000美元、2 000美元，然后是1 000美元。通过逐渐减少让步的幅度告诉对方，这已经是你所能让出的最大限度了。

如果你想要试验一下这种方法到底多有效，不妨先和自己的孩子做个试验。等下次他们向你要钱去出游时，如果他们开口要100美元，你可以告诉他们："没门儿。你难道不知道我像你这么大的时候，每个星期只有50美分零花钱吗？而且我还要用这笔钱给自己买鞋，每天冒着大雪步行10英里去上学，来回都要爬山。你知道吗？为了省钱，我每次爬山的时候都会脱掉鞋子，光着脚上山（全世界的父母都有类似这样的故事可以跟孩子说）。所以我不可能给你100美元。最多50美元，就这么多了！""50美元根本不够用。"孩子惊恐地抗议道。

此时你跟孩子已经确立了一个谈判范围。他们要100美元。你答应给50美元，谈判在快速地进展着，你把数目提高到60美元，然后是65美元，最后是67.5美元。当你把数目提高到67.5美元的时候，你就不需要告诉他们这已经是极限了。因为通过逐步减少让步的幅度，你已经通过行动告诉他们，你已经不可能再继续增加了。

> **要点回放**

- 你让步的方式可能会给予对方一种固定的期待；
- 千万不要做出等幅让步，因为一旦这样，客户就会不停地提出要求；
- 千万不要在最后一步做出较大的让步，因为这可能会让对方产生敌对情绪；
- 千万不要因为对方要你报出"一口价"，或声称自己"不喜欢讨价还价"就一次让出所有谈判空间；
- 通过逐步减少让步空间，你可以告诉对方，这已经接近你所能接受的极限了。

12. 如何应对僵局

在进行薪酬谈判的时候，你有时可能会遇到僵局、困境和死胡同。下面是我对这3种情况的定义：

- 所谓僵局，就是指双方在一个重要问题上无法达成共识，以致威胁到整个谈判；
- 所谓困境，就是指双方仍然在进行谈判，但却无法取得任何有意义的进展；
- 所谓死胡同，就是指由于谈判没有任何进展，以至于双方都产生了很大的挫折感，感觉没有必要继续谈下去了。

对于一位没有经验的谈判者来说，他很容易把僵局和死胡同混淆起来：

◆ 你跟对方在薪酬待遇报价上相差2万美元，于是你开始想："既然我们之间的差距那么大，那么我还有必要继续浪费时间和他谈下去吗？"

◆ 你前一份工作每年有4个星期的带薪假期，而且你已经为了明年的假期而在意大利租了一座别墅。你的未来雇主很可能会因为这个问题而放弃雇用你的打算。但是，你的家人绝对不允许你放弃这次假期。

对于一位没有任何经验的新手来说，所有这些情况可能都像是死胡同，但在优势谈判高手看来，它们只是僵局而已。遇到这种情况时，你可以用一种非常简单的策略来打破这些僵局。这种策略被称为"暂置策略"。

假设你的未来雇主告诉你："我们很有兴趣跟你继续谈下去，但前提是你必须在当月1日前往休斯敦上岗。否则的话，我看我们还是不要再继续浪费时间了。"

你需要两个星期的时间提前通知现在的雇主，而且如果你能多争取两个星期，你就可以去参加女儿的毕业典礼了！在这种情况下，你可以使用暂置策略："我明白这件事情对你非常重要，但我们不妨先把这个问题放到一边，先谈谈其他的吧。你可以向我介绍一下贵公司的健康医疗方案吗？第一年我大概会有多少假期？我们通常多长时间调整一次薪酬？"

通过使用暂置策略，你可以首先解决谈判中的许多小问题，并在最终讨论真正重要的问题之前为谈判积聚足够的能量。但请记住，千万不要把谈判的焦点集中到某一个问题上，因为当谈判桌上只有一个问题时，双方就一定要分个输赢。没有经验的谈判新手总是觉得自己需要首先解决大问题。"如果不能在像价格和交易条件这样的大问题上达成共识，干嘛还要浪费时间讨论其他小事呢？"优势谈判高手们知道，在这些小事上达成共识之后，对方很可能就会变得更加灵活。

要点回放

- 千万不要混淆僵局和死胡同。谈判过程中很少会出现死胡同，所以当你以为自己遇到死胡同的时候，你很可能只是遇到了僵局；
- 可以使用暂置策略应对僵局："我们把这个问题放一放，先讨论其他问题，可以吗？"
- 通过首先解决一些小问题为双方创造契机，但千万不要把谈判的焦点集中到一个问题上。

13. 如何应对困境

有时你会遇到介于僵局和死胡同之间的困境。这时双方仍在继续谈判，但似乎却无法取得任何有意义的进展。

陷入困境类似于陷入一种"稳态"。这是一个航海术语，当船陷入稳态的时候，其实就是指船在逆风航行。但事实上很少有船会真正地逆风，当船员感觉逆风的时候，他们其实只是接近逆风。要想在逆风中按照预定航道航行，你必须转向右舷30度，然后将舵顺风左转30度。重新调整方向并不容易，但如果能做到这一点，你最终就可以回到自己预定的航道上。要想抢风调向，你必须掌稳船舵。只要稍微犹豫一下，你的船头很可能就会被卡住。如果在抢风调向的时候力道不足，你就无法借助风力调整船头。船长遇到这种情况就必须作出某些决定来解决问题。比如说他可能要重新调整航向，扬起三角帆来

调转船头，或者启动船柄或轮盘。同样，当谈判陷入困境时，你也必须通过各种方式来重新积聚动力。除了改变谈判中所涉及的具体金额之外，你还可以考虑以下几种方法：

◆ 调整谈判小组中的成员。律师们最喜欢使用的一个借口是："我今天下午必须出庭，所以我的合伙人查理将代表我继续谈判。"这位律师下午可能只是去网球场了，但这无疑是一种调整谈判小组成员的极佳策略；

◆ 调走你的谈判小组中某位惹怒对方的成员。一位经验丰富的谈判高手通常不会介意在谈判过程中被调离——因为他很可能只是在谈判中扮演黑脸而已。通过调走谈判小组中的某位成员，你可以减小你的对手在谈判过程中所遭遇的压力；

◆ 调整谈判气氛。比如说你可以建议双方暂时休息，等用餐过后再继续讨论；

◆ 缓解紧张气氛，比如说你可以谈论双方的爱好，谈论最近正在流行的小道消息，或者干脆讲一个有趣的故事；

◆ 讨论是否可以在某些薪酬问题上做出调整，比如说住房补贴、使用公家车，或者是健身俱乐部成员资格等等。任何调整都可能把谈判带出泥潭；

◆ 讨论如何跟对方共担风险，尤其是那些对方比较感兴趣的问题。比如说你可以提出，从现在起一年之内，如果不满意你的表现，对方可以随时跟你商谈重新调整薪酬。也可以在双方的雇用协议中加入特殊条款，一旦市场情况出现变化，你的薪酬水平也可以相应调整，从而大大减轻对方内心的担忧；

◆ 尝试改变谈判场所的气氛。如果谈判双方一直都非常低调，只是一味强调双赢，你不妨让自己变得更加咄咄逼人一些。

如果谈判一直都进行得非常艰难，你不妨向双赢方向调整；
- 你可以做出承诺，一旦双方在未来出现分歧，你不介意请仲裁机构来帮助消除分歧，这样可以让对方暂时忽略双方之间的一些小分歧。

当一艘船陷入稳态的时候，船长会尝试一些不同的方式来改变这个状态。如果谈判陷入泥潭，你也可以尝试不同的方式，然后看看哪种方式可以帮助双方重新建立信心。只要你有所行动，形势就一定会有所变化。但通常你永远都无法事先确定自己究竟该采取怎样的行动。

14. 如何应对死胡同

在前面两节当中，我已经告诉你该如何应对谈判过程中可能会出现的问题：僵局和困境。如果情况进一步恶化，你可能就会遭遇死胡同。遇到死胡同的时候，由于谈判始终无法取得进展，无论是客户还是你都感到灰心丧气，感觉根本没有必要再谈下去。

通常情况下，薪酬谈判中很少会出现死胡同，但一旦遇到这种情况，解决问题的唯一办法就是引入第三方——一个可以充当调解人或仲裁者的人。仲裁者和调解人之间有着很大的差别。一般来说，谈判双方都会在仲裁之前就表示会听从仲裁者的裁决。如果某个与公众福利息息相关的行业工会，比如说运输工会或公共卫生行业工会举行罢工，联邦政府就会坚决要求双方推举仲裁机构，然后双方按照仲裁机构认定的合理解决方案结束罢工。而调解人就没有这么大的权力了。调解人的作用通常只是帮助双方达成解决方案。他只是催化剂的作用，通过自己的力量找到一个双方都认为比较合理的方案而已。

缺乏经验的谈判人员总是不愿意请调解人，因为他们通常会把这看成是一种无能的表现。"我可不想求公司总裁允许我请一名调解人，因为那样他会觉得我是一个很差劲的谈判者。"可优势谈判高手知道，除了第三方本身往往都是经验丰富的谈判高手之外，还可能会有很多其他原因让他们能够有效地解决问题。

要想让仲裁者或调解人真正发挥作用，前提是他们必须保持"中立"。在有些情况下，为了建立这种形象，你可能要做出很大让步。如果说你想让自己的工会代表来跟自己的雇主讨论薪酬问题，后者有多大可能会相信这位调解人是中立的呢？基本为零。因此你请来的这位工会代表必须做些事情来让对方感觉到他是中立的。比如说他很可能需要在谈判刚开始的时候向对方做出一些小小的让步。

比如说你的工会代表来了，他此时已经非常清楚整件事情的来龙去脉，可他还是会问："我不清楚到底发生了什么事情。为什么不把情况说明一下，看看我能否想出一个双方都可以接受的方案呢？"请注意，这里的措辞非常重要。通过要求双方阐明立场，这位代表其实是在尽力确立一种毫无偏见的形象。而且在谈话的过程中，他还应当注意，在谈到你的时候，一定要注意避免使用"我们"之类的字眼。

耐心地听完双方阐明立场之后，他就会转身告诉你："你这样做公平吗？我觉得你应该考虑放弃出差要乘坐头等舱（或者其他细节性问题）的要求，如果航班不足 90 分钟，你难道就不能在经济舱将就一下吗？"你可能会感觉这位代表并不是在帮助你争取权益，但事实上，他只是在尽量让你的雇主相信自己请来的"中立者"罢了。

千万不要为了避免僵局、困境或死胡同而不惜一切代价。经验丰富的谈判高手通常会利用它们作为向对方施压的手段。一旦你感觉双方根本不会陷入死胡同，也就意味着你再也无法离开谈判桌，甚至会屈服于对方的压力了。

要点回放

◆ 应对死胡同的唯一办法就是引入第三方；

◆ 第三方可以在谈判中充当调解人或仲裁者的角色。但调解人只能促使双方找到解决方案，而谈判双方却会在一开始就同意接受仲裁者的最终裁决；

◆ 千万不要把引入第三方看成是一种失败的表现。第三方能够解决很多谈判双方无法解决的问题；

◆ 第三方一定要保持中立的形象；

◆ 如果第三方没有被看成是中立的，他就应该在谈判刚开始时向心存怀疑的一方做出一些小让步，做出表面上中立的形象；

◆ 在遇到死胡同时，不要过于执著。只有当你愿意随时放弃时，你才能发挥出优势谈判高手的全部力量。如果拒绝承认会遇到死胡同，你就是在放弃一个重要的压力点。

15. 准备欣然接受

"欣然接受"是一个非常重要的谈判手段，尤其是当你的对手也接受过专业的谈判训练时更是如此。如果他们认为自己的谈判能力非凡，双方就可以很快达成共识，整个谈判的形势也都会向着有利于你的方向发展。

遇到这种对手的时候，真正的关键可能并不在于价格或付款日期，而是对方的自我意识。你可能并没有意识到，就在你来到公司人力资源主管办公室之前，这位主管曾经告诉自己的雇主："你看我怎么跟这位求职者谈判吧。我非常清楚自己在做什么，我一定能让他接受我们的条件。"

这种情况下，如果那位主管并没有达到自己的预期目标，他就很难会接受你提出的条件，因为他不喜欢那种输掉谈判的感觉。即便对方知道你的建议非常公平，而且也能够符合他的所有要求，他仍然会拒绝你。

遇到这种情况的时候，你一定要找到一种适当的方式来让他产生一种良好的自我感觉。你必须学会"欣然接受"。优势谈判高手知道，要想做到这一点，最好的方式就是在最后一刻做出一些小小的让步。让步的幅度可以极其渺小，这没关系，因为真正重要的不是你让步的幅度，而是让步的时机。

比如说你可以告诉对方："我想我们刚刚谈定的薪酬要求已经是最合理的了，但是，我还会答应你一件事，我可以加入公司的道德委员会。"

其实你原本也打算这么做，可问题是，由于你提出这个建议的时机非常恰当，对方感觉自己得到了充分的尊重，于是他就会告诉你："好吧，如果你能这么做，我想我们可以接受你的条件。"这时他并不会感觉自己输掉了谈判，他感觉自己只是跟你交换了一下条件而已。

这也是为什么在谈判的时候不要一开口就给出最低价的原因之一。如果你一开始就做出了所有的让步，谈判还没结束的时候，你就已经让无可让了。

具体来说，你可以通过以下几种方式做出让步：

◆ 主动提出给公司内刊撰稿；
◆ 跟新员工分享你的专业知识；
◆ 代表公司参加一些服务性的志愿组织；
◆ 做出承诺，比如说如果达不到公司的业绩目标，你可以放弃每年为你更换配车的要求。

记住，真正重要的是让步的时机，而不是幅度。你的让步可以很小很小，但效果却非常明显。通过欣然接受策略，优势谈判高手不仅可以让对手接受自己的条件，而且会感到非常开心。

永远不要幸灾乐祸。永远不要在谈判结束的时候告诉对方："你知道吗，只要你能够再稍微坚持一下，我就会接受你的条件。"

我知道，在一般的生意交往中，你很少会愚蠢到在谈判结束之后嘲笑对方的地步。可当你跟谈判对手之间是很好的朋友时，你反而会口不择言。打个比方，在某一次谈判当中，你发现自己的对手居然是一个多年的老朋友，你们一起打了很多年高尔夫球，彼此已经很熟悉了。现在你要加入对方的公司，双方开始坐到谈判桌前，就你的薪酬问题展开谈判。你们都知道，你们将展开一场谈判，而且你们很喜欢这种游戏。最后他告诉你："好吧，既然双方都已经达成共识，谁也不会反悔了，还是让我们痛快点儿吧，告诉我你的真正底线到底是多少？"当然，这时候你很可能会忍不住大肆吹嘘一番——千万别这么做！如果你这么做的话，他会记仇20年。

当你结束谈判之后一定要记得恭喜对方。无论你觉得对手表现得多么差劲，都一定要恭喜他们。你可以说："哇，你刚才棒极了，恭喜你。我发现自己根本无法谈到我预期的条件，可坦白说，这也是非常值得的，因为我学到了很多的东西。你的表现真是棒极了。"记住，你想让对方感觉自己赢得了这场谈判。

你见过律师们在法庭上辩论的情形吗？他们在法庭上总是针锋相对，好像要置对方于死地才甘心。可一旦出了法庭，控方律师就会走上前去告诉对方："哇，你刚才的表现实在是精彩。如果不是请到你的话，你的当事人恐怕要坐上30年大牢。"控方律师知道双方抬头不见低头见，所以他也不希望跟辩方律师结下深仇大恨。相反，如果他一出来就洋洋自得的话，辩方律师很可能就会下定决心下次一定要战胜

对手。别忘了，双方很可能会在不久的将来再次交手。所以不要让对方感觉自己输掉了这场官司。那样对方只会坚定下次一定要赢的决心。

记住，你以后肯定还要跟这位人力资源主管打交道，所以你不应该让他有输掉谈判的感觉，那样只会让对方下次谈判的时候更加坚决。

要点回放

◆ 如果你的对手为自己的谈判技巧感到自豪，他心中那种赢的欲望很可能会让你们很难达成共识；

◆ 不妨在谈判即将结束的时候做出一些小让步，让对方感觉良好；

◆ 让步的时机要比你让步的幅度更加重要，所以即便你只做出了很小的让步，只要时机得当，就可以收到很好的效果；

◆ 谈判结束之后，无论你感觉对方的表现有多差，都一定要恭喜对方。

16. 蚕 食

无论是申请加薪，还是就一份新工作商谈薪酬问题，"蚕食"都是你应该掌握的一项重要谈判策略。谈判似乎已经结束了，一切都已经达成了共识。而且在整个谈判过程中，你似乎已经做出了很大的让步。比如说你本来提出要增加20%的薪酬，可最终你还是接受了10%的加薪幅度。现在到你发起蚕食的时候了。

此时你的雇主已经承受了相当一段时间的压力，最终，双方达成了共识。你们的双手紧紧握在了一起，对方感觉非常好。当一个人自我感觉良好的时候，他通常会做出一些自己平时不会做出的让步。

除此之外，当你在谈判的最后一分钟提出一个新的要求的时候，对方通常会想："哦，天哪！我还以为所有问题都已经解决了呢。我可不想再从头来一次。算了，干脆答应这个家伙吧。"所以这时是你发起蚕食的绝佳时机。比如说你可以提出让公司给你配辆新车，这时你可以告诉对方："哦，对了，乔，我的那辆车太旧了，我想公司该给我换辆新的了，你觉得呢？"这时提出这个要求比在谈判中任何时候提出的胜算都要高。

你也可以在调整薪资水平的时间周期上做文章。比如说你公司规定每年调整一次薪酬。你感觉自己应该加薪20%，但结果只得到10%的加薪，这时你可以在谈判结束之后告诉雇主："这次我可以接受10%的加薪，但我希望下次我能早些调整薪资，你看可以吗？如果可能的话，我希望能六个月调整一次薪酬。"如果你在刚开始谈判的时候提出这个条件，他很可能会拒绝，但如果你能在谈判结束之后提出，对方很可能就会接受。

优势谈判高手们知道，通过使用蚕食策略，即便双方已经就所有问题达成共识，你仍然可以说服对方做出一些让步。不仅如此，你甚至可以让对方答应一些他起初拒绝的事情。

汽车销售人员非常清楚这一点。他知道，如果自己一开始就狮子大开口，客户很可能会立即产生抵触心理。所以通常情况下，他们会首先设法让你产生这样一种心理："是的，我会买一辆车，而且一定要在这里买。"所以无论客户要求什么型号，即便这种型号根本不赚钱，甚至已经停产了，销售人员都会满口应承下来。然后他们就会把你带到会客室，开始慢慢增加条件。

所以，蚕食策略的关键就在于，在谈判进行了一段时间之后，你可以通过逐渐提出一些看似微不足道的要求来达到自己的目的。

孩子们天生就是蚕食的高手，不是吗？如果你家里有个十几岁的孩子，我想你就很明白我的意思了。孩子们之所以天生就是谈判高手，并不是因为他们在学校里学到了任何谈判技巧，而是因为只有通过谈判，他们才能得到想要的一切。

我的女儿茱莉亚高中毕业的时候，她想要我送给她3件礼物：

◆ 一趟为期5周的欧洲旅行；
◆ 1 200美元零花钱；
◆ 一个新的行李包。

茱莉亚非常聪明，她没有一开口就提出所有的要求。她是一个非常优秀的谈判高手，刚开始的时候，她只是提出要去旅行，过了几个星期之后，她又用书面方式告诉我，旅行时所需要的零花钱大约是1 200美元，她希望我能满足她这个要求。然后，就在即将开始旅行的时候，她又告诉我："爸爸，你不会让我拉着这个破破烂烂的行李包去欧洲吧？其他孩子都有一个新的行李包。"毫无疑问，我给她买了一个新的。想想看，如果她一上来就提出所有要求，我很可能会立刻拒绝买新行李包，并且会要求她把零花钱数目减少。

之所以会出现这种情况，是因为人们的大脑总是会强调自己已经作出的决定。优势谈判高手们非常清楚人的这一心理，并会利用这一心理来说服人们同意自己起初反对的事情。

为什么蚕食的方法会奏效呢？为了找到这个问题的答案，一些心理学家在加拿大的一个赛马场展开了研究。他们研究了人们在下注之前和下注之后的态度，结果发现，在下注之前，人们总是非常紧张、焦虑，而且也不知道自己要做什么。这就好像你的未来雇主一样。他们可能并不了解你，并不了解你的工作能力，而且也并不知道跟你的合作会得到怎样的结果。所以他们很可能非常紧张，内心充满焦虑。

在赛马场上，研究人员发现，一旦人们下了注，他们突然就会变得信心百倍，甚至会在比赛之前就把赌注加倍。事实上，在作出最后的决定之前，他们的脑子里一直都在摇摆。可一旦下定决心，他们就会勇往直前。

如果你喜欢赌博，相信你也有过同样的感受，对吧？注意观察人们在大西洋城或拉斯维加斯轮盘桌前的表现。赌徒们下注，然后轮盘开始转动。几乎就在最后一刻，人们开始疯狂地加注。人类的大脑就是如此，他们总是会强化自己作出的决定。

我曾经在费城的一个大会上发表演讲，那时宾夕法尼亚州的彩票奖金最高是 5 000 万美元，所以听众中有很多人都买了彩票。为了说明人类的大脑总是会强化自己先前作过的决定，我表示愿意从某位听众手上买下他的彩票。你觉得有人会把自己手上的彩票卖给我吗？根本没有，即使我出 50 倍的价格，也没有人愿意放弃自己购买彩票时所做的选择。我可以肯定，在买下手中的彩票之前，这些人内心同样也是充满了焦虑，不知道到底该把钱押到哪一张彩票上。要知道，中奖的几率只有亿分之一啊！可一旦作出决定，他们就会拒绝改变主意。记住，人的大脑总是在强化自己此前已经作出的决定。

所以优势谈判高手一定要记住，不一定要在谈判刚开始的时候就直接提出自己的条件。不妨稍微耐心一些，等到双方商谈好大部分条件之后，你再回过头提出自己的要求，一点一点地通过蚕食策略得到自己想要的东西。

你可能会感觉优势谈判的过程就像是在推着一个巨大的皮球上山，这个皮球远远超过了你的体积。你不得不用尽浑身解数才能把它推到山顶——也就是你想要通过谈判达成的目标。一旦到了山顶，你就可以让皮球自然地沿着山那边的斜坡滚下去。之所以会有这种感

觉，主要是因为，一旦谈判双方达成了最初的协议之后，他们内心就会产生一种非常良好的感觉。他们会感觉长舒一口气，似乎所有的压力和紧张都在这一瞬间得到了释放。这时他们的大脑就会开始强化自己刚刚作过的决定，也就会更加容易接受你所提出的一些"微不足道的要求"。

所以在对方同意雇用你之后，不妨再尝试一下我们在"终局策略"部分中谈到的"再试一次"策略，对方很可能会接受自己当初拒绝的条件。

你的对手很可能会蚕食你

在整个谈判过程中，有个时间点是你最为脆弱的时候，那就是你以为谈判差不多结束了的时候，通常情况下，这时你很容易成为对方蚕食策略的牺牲品。

我想你一定当过蚕食策略的牺牲品，比如说你在向客户推销一辆卡车。一旦找到真正的买家，你可能就会长舒一口气，谈判过程中的压力和紧张感也随之而去。对方正坐在你的办公室里，拿出支票簿，准备签支票。可就在对方即将写下名字的那一瞬间，他突然抬起头来说道："你还要送我一箱油，对吧？"这时候你通常会处于一种最为脆弱的状态，主要有两个原因：

- ◆ 你刚刚完成了一笔交易，内心感觉非常好。当你感觉良好的时候，通常就会做出一些正常状态下不会做出的让步；
- ◆ 你可能在想："哦，不。我本来以为我们已经谈完了所有事情。我可不想再重头开始。如果是那样的话，我很可能会失去这笔生意。或许我最好还是做些让步。"

所以，当你以为谈判已经结束的时候，通常也就是你最为脆弱的时候。这时候一定要小心你的雇主会对你发起蚕食策略。你之所以感觉良好，是因为你终于得到了自己梦想的工作。在最后一分钟，雇主会告诉你："再澄清一下，薪水是固定的。要想增加薪水，你必须提高业务量。"由于你以为谈判已经结束了，而且你也不想再重新谈判一遍，甚至不被录用，所以你很可能会同意对方的要求。

如何阻止雇主的蚕食策略

你可以通过一种温和的方式让对方感觉自己的做法很不妥当。这时候一定要很小心，因为此时通常是谈判过程中一个比较敏感的阶段。比如你可以微笑着告诉对方："哦，好了，这个条件对你来说已经很理想了。我也不会再提出任何加薪要求了，这样公平吧？"千万要记住，说这话的时候脸上一定要带着微笑，因为只有这样，对方才不会因此而跟你翻脸。

展开谈判之前，一定要想清楚几个问题：

- ◆ 双方达成协议之后，你还可以通过蚕食策略获得哪些条件？比如说当双方谈完薪酬之后，你还可以提出请公司配车，或者是要求获得休闲俱乐部资格等，这种额外收益通过蚕食策略来获得通常会更加容易；
- ◆ 准备再次提出一些已经遭到对方拒绝的建议之前，你是否已经有了一个清晰的计划？
- ◆ 假设对方会在最后一刻对你发起蚕食策略，你是否已经做好了应对的准备？

通过以下策略，你可以避免大部分在谈判过程中可能发生的不愉快：

- ◆ 谈判一开始就把所有细节问题说清楚，并以书面形式把双方商谈的结果确定下来。千万不要含糊带过："这件事以后再说吧！"千万别犯懒，别想着可以通过这种方式跳过那些比较难谈的问题；
- ◆ 在谈判的过程中，一定要想尽各种办法让你的对手感觉自己已经赢得了谈判，一旦形成了这种感觉，他们就不大会提出更多的要求——无论是在谈判的过程中，还是在谈判结束之后。

优势谈判高手总是会考虑到对方可能会提出更多要求。在这种情况下，掌握好时机就显得至关重要。一旦双方解除了紧张感，对方感觉谈判结束，自己最终取得了胜利的时候，你的机会就来了。

另一方面，也要小心对方可能会在最后一刻提出进一步的要求。因为这时候你通常是最为脆弱的，很有可能会作出一些让自己后悔的决定。可能半个小时以后，你就会对自己说："我到底做了什么？我根本没有必要这样做，所有的问题都已经谈妥了。"

17. 保持双赢

下面我们聊聊双赢谈判的问题。谈判的目的并不是要让你的雇主做一些自己平时不会做的事情，而是让他跟你一起找出你们的问题，并寻求一个让双方都能获利的解决方案。

听到这个，你可能会说："罗杰，显然你并不了解我们的行业。我生活在一个人吃人的世界。在我的组织当中，根本没有什么所谓的双赢。他们只想让我少拿钱，多做事。我们怎么可能会双赢呢？"

我们不妨看一看这里最重要的问题。到底什么是双赢？双赢难道就是指双方都要赢吗？或者是说双方都要付出同等的代价，这样才算是公平的？如果每一方都认为是自己赢了，而对方输了的话，这算不算双赢呢？

在对我的想法嗤之以鼻之前，不妨再想一下。如果你在薪酬谈判之后，心里想："我赢了。因为如果雇主再坚持一下，我可能就会接受更少的薪水。"而你的雇主也感觉是自己赢得了谈判，因为如果你能再坚持一下的话，他也愿意付更高的价格。所以你们双方都认为是自己赢得了谈判，而对方输了。这算不算双赢呢？我想答案应该是肯定的，只要这种感觉不是一时的。只要你们双方不会在第二天早晨醒来的时候突然恍然大悟："他妈的，现在我知道那家伙在耍什么把戏了。等着吧，看我下次怎么收拾你。"

这也就是我为什么强调"要让对方感觉自己赢得了谈判"的原因，要想做到这一点，你需要：

- ◆ 不要立即接受对方的第一次报价；
- ◆ 提出高于你预期的报价；
- ◆ 当对方提出报价的时候，一定要表现得犹豫不决；
- ◆ 避免对抗；
- ◆ 使用钳子策略："你一定能提供更好的条件。"
- ◆ 使用更高权威和白脸/黑脸策略，让对方感觉你是站在他那一边的；
- ◆ 永远不要对双方的报价进行折中；
- ◆ 一旦出现僵局，不妨先把争议放在一旁；
- ◆ 当你为对方做了什么之后，一定要要求对方给你一定的回报；

- 在做出让步的时候，让步的幅度一定要越来越小；
- 努力为对方着想，让对方更容易接受你的条件。

除此之外，还记得一定要想尽办法让对方感觉自己赢得了谈判，这需要你牢记双赢谈判的4条基本法则。

法则1：千万不要把谈判的焦点集中到一个单一的问题上

打个比方，当你把所有其他问题都已经解决清楚，只剩下薪酬问题的时候，你就会发现双方一定要分出胜负。但假如你能保持谈判桌上的问题超过一个，你就能够跟对方保持协商状态，从而当你能够在其他方面给对方提供回报的时候，对方也就很可能会考虑在价格方面做出让步。

你应当竭尽全力提出其他问题，比如说假期、分红、医疗福利、交通补贴等，这样双方才可以有更多空间讨价还价，从而避免把谈判的焦点只集中到一个问题上。

一旦发现双方的谈判焦点集中到一个问题上的时候，你不妨考虑引入新的谈判条件。幸运的是，一般情况下，几乎任何一场谈判都不会只有一个焦点。双赢谈判的艺术就在于，将这些不同因素综合到一起，并最终达成让双方都满意的结果。所以双赢谈判的第1个法则就是：千万不要把谈判的焦点集中到一个单一的问题上。

法则2：不要假设对方的目标跟你完全一致

大多数人都以为自己想要的东西也正是别人想要的东西，正因为这一点，我们相信，对我们重要的东西往往对别人也是同样重要的。

但事实并非如此。

谈判新手们遇到的最大陷阱就是，他们总是会以为人们在谈判当中最大的分歧就是价格。可事实上，对于你的雇主来说，可能还有很多甚至比价格还重要的因素。

- ◆ 是否很难说服他的上级来接受你的条件？
- ◆ 如果公司不能满足你的要求，是否会影响你的工作积极性？
- ◆ 一旦答应你的要求是否会形成一个不好的惯例，以后其他员工也会提出类似的要求？

类似的因素还有很多。所以双赢谈判的第2个法则就是：千万不要假设对方的目标跟你完全一致。因为如果这样想，你很容易就会把自己放到一个跟对方针锋相对的立场上。只有当你明白谈判双方很可能并不是想要同样的东西时，你才有可能在谈判中做到双赢。所以优势谈判并不只是能够让你得到你想要的东西，它还可以帮助你的对手达到他们的目的。在跟你的对手展开谈判的时候，一个最有利于你达成谈判结果的想法并不是"我能从他们那里得到什么"，而是，"在不损害我方利益的前提下，我可以为他们做些什么"，因为一旦你能给予别人他们想要的东西，他们也就会在谈判中给予你想要的东西。

法则3：千万不可过于贪婪

这是双赢谈判的第3条法则。不要试图把所有的利益都收入自己的腰包。你可能会感觉自己获得了胜利，但如果让对方感觉你这个人过于贪婪，这样你会有什么好处呢？记住，谈判桌上的最后一美元是

十分昂贵的。

千万不可过于贪婪，一定要给对方留些好处，让他们感觉是自己赢得了谈判。

法则4：返给对方一些好处

双赢谈判的第4条法则是：谈判结束之后，不妨返给对方一些好处。我并不是说你在双方签订协议之后再给对方增加一些折扣。我只是说不妨给对方一些超出你承诺的东西。比如说你可以告诉对方："如果想让我帮你做些培训的话，请随时告诉我。"这时你就会发现，你给他们的这些额外好处对他们来说可能意义重大。

彼得·德鲁克带领 6 位大师
与你探索打造卓越组织的 5 大力量

基业长青从问对 5 个问题开始

管理学之父彼得·德鲁克在 15 年前就高瞻远瞩地提出企业和管理者必须正视的 5 个最重要的问题——

Q1：我们的使命是什么？
Q2：我们的顾客是谁？
Q3：我们的顾客重视什么？
Q4：我们追求的成果是什么？
Q5：我们的计划是什么？

彼得·德鲁克的 5 个最重要的问题看似简单又普通，但这类问题却最难回答得正确，因为它们直指事情的核心，迫使你去认真面对看似懂却又屡犯屡错的本质问题。这些问题是企业制订战略的依据，是事业兴亡的关键，能引领你深入探索组织及个人的存在意义和价值，给你方法去提升质量、品格、意志、价值观和勇气，帮助你牢记做事的原因和目的。本书适合整个组织共同学习、探讨及做毫无保留的 X 光透视，最终制订改革的方案、行动和达成结果。整个组织致力于自我评估，就等同致力于领导力的全面发展。本书是一套战略工具，它既适合企业，也适合非营利组织和政府部门学习和使用。

〔美〕彼得·德鲁克
吉姆·柯林斯
菲利普·科特勒
吉姆·库泽斯
朱迪思·罗丁
V. 卡斯特利·兰根德鲁克
弗朗西斯·赫塞尔本 著
刘祥亚 译

重庆出版社
定　价：29.80 元

**优秀的领导者能提供答案，
但伟大的领导者会问正确的问题！**

愿《组织生存力》能为你的组织和你个人提供帮助，也愿别人的生命因你卓有成效的工作而改变！

——杜绍基 (Henry To)（彼得·德鲁克管理学院院长）

德鲁克基金做了一件了不起的工作。优秀的领导者能提供答案，但伟大的领导者会问正确的问题——《组织生存力》就能教会你怎么做到这一点。

——吉姆·柯林斯（《从优秀到卓越》、《基业长青》作者）

真是一笔令人吃惊的财富，《组织生存力》可以帮助那些最成功的组织变得更加成功。

——马歇尔·古德史密斯（最佳企业管理类图书《魔鬼管理学》作者）

在所有的管理学书籍中，德鲁克的著作对我影响最深。

——比尔·盖茨

全球销量超过1 000万册
美国前总统克林顿、《福布斯》鼎力推荐

王牌谈判大师罗杰·道森通过独创的优势谈判技巧，教会你如何在谈判桌前取胜，更教会你如何在谈判结束后让对手感觉到是他赢了这场谈判，而不是吃了亏。

无论你的谈判对手是房地产经纪人、汽车销售商、保险经纪人，还是家人、朋友、生意伙伴、上司，你都能通过优势谈判技巧成功地赢得谈判，并且赢得他们的好感。

你手上的这本书是由国际首席商业谈判大师罗杰·道森集30年的成功谈判经验著述而成，书中有详细的指导、生动而真实的案例、权威的大师手记和实用的建议，为你提供走上富足人生的优势指南。

〔美〕罗杰·道森 著
刘祥亚 译
重庆出版社
定　价：38.00元

国际上最权威的商业谈判课程

连续数周雄踞《纽约时报》畅销书排行榜榜首
全球仅有的28名获颁CSP&CPAE认证的专业人员之一

能让产品"卖出去"和"卖上价"的销售秘笈

克林顿首席谈判顾问、《优势谈判》作者
特别奉献给销售和采购人员的谈判圣经

★ 面对"只逛不买"的顾客，如何激发他的购买欲？
★ 面对迟疑不决的买主，如何促使他迅速作出决定？
★ 面对狠砍价格的对手，如何巧妙应对？
★ 面对百般刁难的供应商和渠道商，又该如何招架？

翻开这本国际谈判大师罗杰·道森的经典之作，你很快就会知晓答案。在书中，罗杰·道森针对销售谈判中涉及的各种问题，提出了24种绝对成交策略、6种识破对方谈判诈术的技巧、3步骤摆平愤怒买家的方法、2种判断客户性格的标准等一系列被证实相当有效的实用性建议。书中生动、真实的案例俯拾皆是，不论你是营销大师，还是推销新卒；不论你是企业高管，还是商界菜鸟，本书都值得你一读。它不仅教会你如何通过谈判把产品"卖出去"，还可以让你的产品"卖上价"，进而大幅提高销售业绩和企业利润。

〔美〕罗杰·道森 著
刘祥亚 译
重庆出版社
定　价：38.00元

一名工薪族十年内成为亿万富翁的致富自白

《富爸爸，穷爸爸》作者罗伯特·清崎鼎力推荐
备受欧美工薪族推崇的致富经典
理财盲也看得懂的理财书

约翰·洛克菲勒、比尔·盖茨、沃伦·巴菲特、唐纳德·特朗普……
为什么他们可以成为亿万富翁？
亿万富翁和一般人有什么区别？

斯科特·安德森用理论和实践证明：他们能成为亿万富翁是因为他们想的和你不一样！

想要像斯科特·安德森一样在十年之内从一个"穷忙族"变成一名亿万富翁？你只需"窃取"亿万富翁们的想法和思路就行。斯科特全面总结了以下七个"富翁思路"——金钱、投资、工作、风险、问题、知识、时间

很棒的一本书！斯科特·安德森在书中的剖析可谓一针见血。如果你想成为有钱人或者想变得更加富有，请阅读这本难得一见的好书吧！

——罗伯特·清崎

〔美〕斯科特·安德森 著
刘祥亚 译

重庆出版社
定　价：26.80元

揭秘美国 FBI 培训间谍的识谎技巧

如果无法阻止别人说谎
那就学会永远不上当

破谎宝典，还你天下无谎的世界。

这是一个充满谎言的世界。你要做的就是在 5 分钟内识破一切谎言！

在这本破谎宝典中，著名心理学家大卫·李柏曼教给你简单、快速的破谎技巧，使你能从日常闲聊到深度访谈等各种情境中，轻松地发现真相。

书中援引了几乎所有情境下的破谎实例，教你如何通过肢体语言、语言陈述、情绪状态和心理征兆等微妙的线索，嗅出谎言的气息，避开欺骗的陷阱，还自己一个"天下无谎"的世界。

〔美〕大卫·李柏曼 著
项慧龄 译

重庆出版社
定　价：26.80元

短信查询正版图书及中奖办法

A．电话查询
1．揭开防伪标签获取密码，用手机或座机拨打4006608315；
2．听到语音提示后，输入标识物上的20位密码；
3．语言提示：你所购买的产品是中资海派商务管理（深圳）有限公司出品的正版图书。

B．手机短信查询方法（移动收费0.2元/次，联通收费0.3元/次）
1．揭开防伪标签，露出标签下20位密码，输入标识物上的20位密码，确认发送；
2．发送至958879(8)08，得到版权信息。

C．互联网查询方法
1．揭开防伪标签，露出标签下20位密码；
2．登录www.Nb315.com；
3．进入"查询服务""防伪标查询"；
4．输入20位密码，得到版权信息。

中奖者请将20位密码以及中奖人姓名、身份证号码、电话、收件人地址和邮编E-mail至my007@126.com，或传真到0755-25970309。

一等奖：168.00元人民币(现金)；
二等奖：图书一册；
三等奖：本公司图书6折优惠邮购资格。
再次谢谢你惠顾本公司产品。本活动解释权归本公司所有。

读者服务信箱

感谢的话

谢谢你购买本书！顺便提醒你如何使用ihappy书系：
◆ 全书先看一遍，对全书的内容留下概念。
◆ 再看第二遍，用寻宝的方式，选择你关心的章节仔细地阅读，将"法宝"谨记于心。
◆ 将书中的方法与你现有的工作、生活作比较，再融合你的经验，理出你最适用的方法。
◆ 新方法的导入使用要有决心，事前做好计划及准备。
◆ 经常查阅本书，并与你的生活、工作相结合，自然有机会成为一个"成功者"。

优惠订购	订阅人		部门		单位名称	
	地址					
	电话				传真	
	电子邮箱			公司网址		邮编
	订购书目					
	付款方式	邮局汇款	中资海派商务管理（深圳）有限公司 中国深圳银湖路中国脑库A栋四楼			邮编：518029
		银行电汇或转账	户　名：中资海派商务管理（深圳）有限公司 开户行：招行深圳科苑支行 账　号：81 5781 4257 1000 1 交行太平洋卡户名：桂林　　卡号：6014 2836 3110 4770 8			
	附注	1．请将订阅单连同汇款单影印件传真或邮寄，以凭办理。 2．订阅单请用正楷填写清楚，以便以最快方式送达。 3．咨询热线：0755-25970306转158、168　　传　真：0755-25970309 E-mail: my007@126.com				

→利用本订购单订购一律享受9折特价优惠。
→团购30本以上8.5折优惠。